Der brennende Dornbusch

Glanz und Elend der Juden in Europa

Herausgegeben
von Iris Pollatschek und Wolf-Rüdiger Schmidt

Mit einem Essay von Michael Brenner

Gütersloher Verlagshaus

Bibliografische Information Der Deutschen Bibliothek

Die Deutsche Bibliothek verzeichnet diese Publikation in der Deutschen Nationalbibliografie; detaillierte bibliografische Daten sind im Internet über http://dnb.ddb.de abrufbar.

ISBN 3-579-06501-7

Umschlag: Init GmbH, Bielefeld, unter Verwendung der Motive
»Moses« von Joos van Gent (Ausschnitt), © Archivo Iconografico, S.A./CORBIS,
»David's Star on Torah«, © Scott Speakes/CORBIS,
»Jüdische Handwerker bei der Fertigung von Wandteppichen«,
Buchmalerei, Italien um 1400, © akg-images,
»Torah«, © Royalty-Free/CORBIS.
Satz: PER Medien+Marketing GmbH, Braunschweig
Druck und Bindung: Těšínská Tiskárna AG, Český Těšín
Printed in Czech Republic

www.gtvh.de

Inhalt

Zur Einführung

»Inmitten der Reichtümer und Freuden des fröhlichen Asiens bin ich ein armer, müder Reisender … unter der sengenden Sonne Afrikas ein elender, hungernder und dürstender Verbannter. Was nun Europa, ach Europa, du meine Hölle auf Erden …«

Samuel Usque »Trost für die Leiden des Volkes Israel«, Ferrara 1553

»Wir geben es zu: Es gab keinen Aufschrei im Lande, die Kirchen hüllten sich in Schweigen, die Bischöfe blieben stumm, ja selbst die Bekennende Kirche äußerte sich nur zurückhaltend. So bleibt uns die Frage der Geschichte. Wir haben nicht das Recht, Vergebung und Versöhnung zu erwarten oder gar einzufordern, aber wir können darum bitten.«

Johannes Rau, 1978

Ihre Geschichte ist geprägt von Verfolgung, Vertreibung, Vernichtung. Doch dies ist nur die halbe Wahrheit: Die Geschichte der Juden Europas kennt auch goldene Zeitalter, blühende Gemeinden und sagenumwobene Königreiche. Sie ist eine Geschichte von großen Frauen und Männern, von Fürsten und Abenteurern, Gelehrten und Poeten, Händlern und Träumern. Vor allem aber ist sie die Geschichte eines »mobilen Vaterlandes« – durch die Thora, die Bibel der Juden, die eine Heimat zum Mitnehmen ist.
Seit Anbeginn der uns überlieferten Geschichte Europas leben hier Juden. Reiche kamen und gingen. Kimbern, Vandalen, Westgoten und Hunnen tauchten auf und verschwanden wieder. Das kleine Volk der Juden überlebte. Ohne sie wäre Europa ein anderer Kontinent. Ohne sie hätten Mittelalter, Renaissance, Reformation, Aufklärung und Moderne ein anderes Gesicht.
Wie konnte es neben der hellen jüdischen Geschichte in Europa zu der dunklen, der schrecklichen Verfolgungsgeschichte der europäischen Juden kommen? Woher rührt der immer neue Judenhass in einer eigentlich von der Bergpredigt geprägten abendländischen Zivilisation? Warum wurde das Judentum nicht als die Wurzel des Christentums gewürdigt, warum das Volk der Juden seit frühester Zeit des »Gottesmordes« beschuldigt, als »teuflisch« gequält, massakriert und warum am Ende in einer weltgeschichtlich einzigartigen Barbarei fast ausgelöscht?

Reicht die Bitte um Vergebung? Der sorgfältige Blick auf die einzelnen Stationen des Volkes Israel »in Glanz und Elend« kann zumindest ein wenig Einsicht, vielleicht sogar Nähe schaffen: Nähe durch die Wahrnehmung der reichen spirituellen, kulturellen Entwicklung des Judentums, Nähe durch den Versuch, kleine Teile des Talmud als große Weisheit des Lebens zu begreifen, Nähe durch Respekt vor einem ganz anderen Weg europäischer Kultur, Frömmigkeit und Geschichte.

Das vorliegende Buch – in Begleitung einer zweiteiligen ZDF-Fernsehdokumentation über »Glanz und Elend der Juden in Europa« – will Geschichte und Geschichten erzählen.

Michael Brenner, Professor für jüdische Geschichte und Kultur in München, legt das Fundament. Es folgen sechs exemplarische Lebensgeschichten von großen jüdischen Persönlichkeiten, Grenzgängern, Visionären, Zeugen der Treue zur Tradition und des Aufbruchs. Schließlich finden sich im dritten Teil eine Reihe von sonst meist schwer zugänglichen Dokumenten zur Geschichte der Juden, Texte, die von der Fülle und Lebendigkeit jüdischen Lebens in Europa erzählen, von Konfrontation und Zusammenleben, Schuldzuweisung und Mut, Leid und Neuanfang.

Das Buch will anregen zum Weiterlesen, Weiterforschen, zum Gespräch.

Iris Pollatschek
Wolf-Rüdiger Schmidt

Michael Brenner

GESCHICHTE

Juden und Europa

Die Anfänge der jüdischen Geschichte liegen außerhalb Europas. Die gesamte biblische jüdische Geschichte hatte mit Europa nicht das Geringste zu tun. Von der Stadt Ur in Mesopotamien zog der Stammvater Abraham ins Land Kanaan, aus der ägyptischen Knechtschaft kehrten die Israeliten mit Moses an der Spitze in ihr gelobtes Land zurück. Babylonien, Assyrien, Ägypten, Persien und natürlich im Zentrum das Land Israel – dies sind die Schauplätze der ältesten jüdischen Geschichte. Als die ersten Juden in Europa siedelten, brachten sie schon Jahrhunderte lange Exilserfahrung mit, hatten sie schon in all den genannten Staaten gelebt.

Domenico Feti, »Moses vor dem brennenden Dornbusch«, um 1613/14.

Die ältesten Belege für jüdische Siedlungen in Europa stammen aus dem Italien des zweiten vorchristlichen Jahrhunderts. Es mag bezeichnend für den späteren Verlauf der jüdischen Geschichte sein, dass das erste überlieferte Dokument, das Juden in Europa erwähnt, von einer Vertreibung spricht. Im Jahre 139 v. d. Z. sollten Juden Rom verlassen, wahrscheinlich weil sie Proselyten, also Anhänger für ihre Religion, werben wollten. Es sollte noch viele Jahrhunderte dauern, bis Europa zu einem Zentrum jüdischen Lebens wurde. Erst nach Abschluss des babylonischen Talmuds und nach dem Niedergang der großen Akademien im Zweistromland erhielt die europäische Diaspora ihren zentralen Platz auf der jüdischen Landkarte. Eine Entwicklung, die zunächst im Süden begann, in Italien und auf der iberischen Halbinsel, ab dem 10. Jahrhundert zunehmend auch in deutschen, französischen und englischen Herrschaftsgebieten.

Ein Jahrtausend lang prägte nun Europa die jüdische Geschichte, wie auch die Juden ein modernes Europa mitentstehen ließen. In Zahlen allein lässt sich dabei die Rolle, die Juden in den verschiedensten Bereichen spielten, nicht aufzeigen. Insgesamt waren sie immer eine kleine Minderheit, hatten jedoch in den zumeist christlich, mitunter aber auch muslimisch bestimmten Gesellschaften theologisch, gesellschaftlich und wirtschaftlich klar definierte Rollen und Funktionen. In christlich geprägten Gesellschaften waren Juden dabei stets die einzige nichtchristliche Minderheit. Sie wurden darum hier immer besonders deutlich wahrgenommen, an den Rand der Gesellschaft gedrängt, oftmals verfolgt und vertrieben, aber niemals gänzlich aus Europa verjagt.

Eine Reduktion der jüdischen Geschichte Europas auf Brunnenvergiftung, Ritualmordlegende, Hostienschändungslüge, Kreuzzüge, Inquisition und Ghetto wäre jedoch ebenso falsch wie eine Idealisierung der europäischen Juden als Minnesänger, Großkaufleute und Hoffaktoren (geschätzte Berater an den Königshöfen Europas). Ihre Geschichte bewegte sich zwischen den beiden Polen von Verfolgung und Kreativität, wobei häufig die alltägliche Erfahrung in all ihrer Widersprüchlichkeit in der Mitte stand: die Erfahrung von Menschen, die sich in Worms, Toledo, Livorno, Amsterdam, Saloniki und Lemberg zu Hause fühlten und doch auf die Erlösung im Heiligen Lande hofften, die sich in der Sprache ihrer Umwelt unterhielten und in Hebräisch beteten, die mit ihren christlichen Nachbarn arbeiteten, aber mit ihnen nicht an einem Tisch essen konnten. Nähe und Distanz prägten das Verhältnis der Juden zu ihrer Umwelt über Jahrhunderte.

Auf jeder Druckseite des Talmud, der wichtigsten Schrift des Judentums neben der Bibel, präsentiert sich symbolisch diese jüdische Topographie. Der älteste Kern des Textes ist die in Palästina während der ersten beiden nachchristlichen Jahrhunderte verfasste Mischna, gefolgt von der vor allem in Babylonien entstandenen Gemara. Wie bei einer Zwiebel kann man darum herum zahlreiche weitere Schichten, geschaffen von der Hand verschiedener Gelehrter, ausmachen. Am wichtigsten von diesen ist der in Troyes und Worms lebende Schriftgelehrte Raschi aus dem 11. Jahrhundert, aber auch spanische, polnische und italienische Autoren sind mit ihren Kommentaren zu den Quellen auf der Talmudseite kanonisiert. Wie in der Geschichte der Juden insgesamt stehen auf dem Blatt Talmud das Land Israel und Babylonien im Zentrum, während sich außen herum Europa in seiner ganzen Vielfalt zeigt.

Fresko aus einer jüdischen Katakombe in Rom. Dargestellt sind die Stadt Jerusalem und die Menora.

Mit dem Zeitalter der Aufklärung verließen zunächst die Juden Mittel- und Westeuropas das Ghetto. Aus einer marginalisierten Gesellschaftsgruppe wurden nun deutsche, französische und italienische Staatsbürger jüdischen Glaubens. Das Judentum, bis dahin eine Einheit aus religiösen und nationalen Elementen, wurde konfessionalisiert. Damit einher gingen Assimilationsbestrebungen, die nicht immer, aber in den obersten Gesellschaftsschichten doch häufig, in der Konversion endeten. So waren zwar Heinrich Heine und Ludwig Börne, Karl Marx und Benjamin Disraeli, Felix Mendelssohn-Bartholdy und Gustav Mahler als Juden geboren (und beschnitten) worden, doch wurden sie als – nicht unbedingt gläubige – Christen beerdigt. Die Konversion blieb vor allem ein Elitephänomen, während die breiten Schichten der jüdischen Bevölkerung auch nach dem Prozess der Säkularisierung ihrer jüdischen Herkunft nicht den Rücken kehrten.

Am Ende des 19. Jahrhunderts ist mit dem Aufkommen des Zionismus ein umgekehrter Prozess als der der Konfessionalisierung festzustellen. Theodor Herzl und seine Gefolgsleute wollten das Judentum als Volk verstanden wissen und nicht als Religion. Die gemeinsame Abstammung binde die Angehörigen dieses Volkes, die Religionsausübung trenne sie dagegen lediglich. Für die Zionisten lag angesichts der neuen Natur des rassischen Antisemitismus die einzige Hoffnung für die Juden außerhalb Europas. In einem Judenstaat sollten die Juden in ihrem historischen Territorium über ihre eigenen Geschicke bestimmen wie jede andere Nation auch. Erst nach der Katastrophe des europäischen Judentums erfüllte sich dieser Traum.

Diaspora oder Exil?
Die Anfänge des europäischen Judentums

Im Mittelalter kursierten zahlreiche Dokumente, die belegen sollten, dass die Juden bereits in vorchristlicher Zeit in Städten wie Mainz oder Regensburg gelebt hätten. Die Absicht dieser Texte war klar: wenn die Mainzer oder Regensburger Juden ihre Genealogie bis in die Zeit Jesu zurückverfolgen könnten, so waren sie zu jener Zeit nicht in Jerusalem und können auch nicht des Gottesmordes bezichtigt werden. Die Motive jener Gründungsmythen waren ebenso apologetisch wie die seit der Mitte des 19. Jahrhunderts vielfach von Rabbinern und Gelehrten verfassten Lokalgeschichten, die das »Heimatrecht der Juden in ...« nachwiesen, um ihre Verwurzelung in Europa auszudrücken.

Auch wenn es sich bei vielen dieser Erzählungen um Legenden handelt, so steht doch außer Zweifel, dass Juden schon vor der Christianisierung Europas in Italien und in vielen anderen Gegenden lebten. In Rom wird die jüdische Gemeinde zur Zeit von Tiberius auf weit über 10.000 Mitglieder geschätzt. Und der im Zeitalter Augustus' lebende Historiker Strabo wird vom jüdischen Historiker Flavius Josephus mit folgenden Worten zitiert: »Die [Juden] sind schon fast in jeder Stadt des Erdkreises verbreitet, und man kann nicht leicht einen Ort in der Welt finden, der dieses Volk nicht beherbergte ...« (Jüdische Altertümer 14,115). Aus dem Jahr 321 stammt das erste erhaltene Dokument, das auch für den deutschen Raum die Anwesenheit von Juden für die Stadt Köln bezeugt.

Was waren die Gründe dafür, dass Juden anscheinend vom Anfang ihrer Geschichte an von einem Ort zum anderen wanderten, so wie in der biblischen Tradition Abraham seinerzeit Ur in Mesopotamien verließ und Moses aus Ägypten auszog? Wie die Geschichten der Stammväter und später der beiden Königreiche Israel und Juda zeigen, war das Gebiet jüdischer Ansiedlung immer zwischen den Großreichen in Mesopotamien und Ägypten eingezwängt und wurde Schauplatz zahlreicher Eroberungen und Feldzüge. Flucht und Vertreibung aus der Heimat waren von Anfang an das Schicksal der im Land Kanaan siedelnden Menschen.

Hinzu kam die Besonderheit der Religion. Der sich langsam herausbildende monotheistische Glaube und die Weigerung, die Götter und Herrscher der Umwelt anzubeten, stießen in Griechenland und Rom nicht immer auf Wohlwollen. So wurde die jüdische Diaspora lange vor der Zerstörung Jerusalems und des Zweiten Tempels im Jahre 70 n. d. Z. geboren. Nach der Zerstörung jedoch verlagerte sich das Hauptgewicht der jüdischen Geschichte nun erst ganz außerhalb des eigenen Landes. Die Weigerung des Volkes Jesu, in ihm den Messias anzuerkennen, führte zu einem folgenreichen Konflikt zwischen den Schwesterreligionen. Gleichzeitig bot nun aber die Bibel die Möglichkeit, wie Heinrich Heine es einmal formulierte, zum »portativen Vaterland« der Juden zu werden. Die jüdische Gemeinde mit ihrer weitgehenden Autonomie ersetzte den fehlenden Staat, das Ghetto das eigene Territorium.

Auch die sprachliche und kulturelle Vielfalt der Juden begann sich zu entwickeln. Griechische und aramäische Bibelübersetzungen – schon länger vorhanden, aber nur in Diaspora-Gemeinden verbreitet – lösten nun auch bei manchen jüdischen Lesern das hebräische Original ab. Die Synagoge, die bereits zur Zeit des Tempels bestanden hatte, trat nun gänzlich an dessen Stelle und ersetzte den Opferdienst durch das Gebet.

Ohne Zweifel war die Zerstörung des Tempels und der Stadt Jerusalem von den Juden als schreckliche Katastrophe empfunden worden. Bis heute wird der 9. Tag des jüdischen Monats Aw (Juli/August) als Trauertag begangen, an dem man fastet und Klagegesänge anstimmt. Dennoch sahen Zeitgenossen ebenso wie spätere Historiker in dem Akt der Zerstörung auch eine einmalige Chance. Der mit dem Tempel verbundene Opferkult galt vielen als nicht mehr zeitgemäß, die Konzentration der jüdischen Religion auf einen zentralen Ort verhinderte ihre weitere Ausbreitung. Nun war die Chance gekommen, das Judentum unabhängig von territorialen und machtstaatlichen Komponenten weiterzuentwickeln und die monotheistische Idee unter den Völkern bekannt zu machen. Nichts symbolisiert die Transformation des Judentums so deutlich wie die Erzählung von jenem Rabbi Jochanan ben Sakkai, der sich der Tradition zufolge in einem Sarg aus dem von Römern belagerten Jerusalem herausbringen ließ und im nahe gelegenen kleinen Ort Jawne eine Akademie gründete. Durch das Studium sollte fortan das Judentum lebendig gehalten werden und jeder physischen Gewalt trotzen. Dem negativen Gedanken der Verbannung, des Exils, stand die positive oder zumindest neutrale Auffassung der Diaspora gegenüber, in der auch eine Chance verborgen lag.

Es liegt eine tiefe Ironie in der Tatsache begründet, dass das Judentum in der Verbreitung der monotheistischen Idee erfolgreicher war als es im Moment der Zerstörung Jerusalems zu träumen wagte und dass es doch gleichzeitig gerade unter seinen Tochterreligionen am meisten zu leiden hatte. Bald nach Beginn der Ausbreitung des Christentums, wie ein halbes Jahrtausend später analog im Islam, wuchsen auch die Spannungen zur Mutterreligion. Gerade weil die beiden Religionen so eng mit dem Judentum verbunden waren, waren die Reibungsflächen so groß. In einer heidnischen Umwelt war das Judentum als abergläubisch und sich absondernd angesehen, in der christlichen Umwelt als verstockt und den wahren Glauben verkennend. Während die Juden im vorchristlichen Rom einen großzügigen Rechtsstatus genossen, sollte sich dies nach der Erhebung des Christentums zur Staatsreligion ändern. Der Kirche konnte es nicht egal sein, was die Juden machten. Aufgabe der Kirche sei es, so meinte man, den Juden den rechten Weg zu weisen – notfalls, indem man ihnen zu der bitteren Erkenntnis verhalf, dass sie aufgrund ihrer eigenen Blindheit in einer christlichen Gesellschaft ganz unten platziert werden müssten. Gerade der Verlust des eigenen Territoriums und die Zerstreuung in alle Ecken der Welt diente Augustinus als Beleg dafür, dass die Juden durch ihre eigene Existenz Zeugnis ablegen von ihrer

Linkes Innenrelief aus dem Titusbogen, der zu Ehren des Titus für seinen Sieg über die Juden errichtet wurde. Dargestellt ist der Triumphzug mit dem siebenarmigen Leuchter aus dem Tempel in Jerusalem.

Verwerfung durch Gott. An die Stelle der verworfenen Juden waren im christlichen Heilsplan als ihre Nachfolger die Christen getreten. Wie das Neue Testament kennt auch der Islam eine Reihe von wenig judenfreundlichen Passagen im Koran. Auf diese Stellen konnten sich Christen wie auch Moslems jederzeit in ihrer Polemik und in ihren Aktionen gegen die Juden berufen. Gleichzeitig garantierte jedoch die Nähe der Religionen gerade auch im theologischen Gedankengut das Überleben der kleinen jüdischen Minderheit sowohl im Christentum wie auch im Islam über zwei Jahrtausende hinweg. Neben dem christlichen Rom sollte die muslimisch beherrschte iberische Halbinsel zum ersten bedeutenden Zentrum europäisch-jüdischer Kultur werden.

Entzünden der Kerzen in der Synagoge.

Sefarad:
Spanische Juden zwischen Kreuz und Halbmond

> »*Und die Weggeführten dieses Heeres von den Kindern Israel, die unter den Kenaanim bis Zarfat, und die Weggeführten Jeruschalajims, die in Sefarad wohnen, sollen die Städte des Südens einnehmen.*« (Obadia 1,20)

Die jüdische Landkarte Europas ist auch eine biblische Landkarte. Die hebräischen Namen der Länder Europas sind der Bibel entnommen. Jenes Zarfat, in das die aus Israel Exilierten gelangen sollten, befand sich an der phönizischen Küste, das Sefarad, von dem der Prophet Obadia spricht, in

Kleinasien. Als sich später die jüdische Ansiedlung nach Europa verlagerte, änderten sich in der Realität zwar die Wohnorte der Juden, in ihrer Fantasie jedoch blieben sie in ihrer Heimat verwurzelt. So wurde *Zarfat* die hebräische Bezeichnung für Frankreich und *Sefarad* für die iberische Halbinsel.

Wie die biblischen Exilierten bei Obadia, so gelangen nach dem »Buch der Tradition« des spanisch-jüdischen Philosophen Abraham Ibn Daud aus dem 12. Jahrhundert vier entführte und als Sklaven verkaufte Rabbiner aus Babylonien in den Mittelmeerraum und setzen hier die alten Traditionen fort. Die zentrale Rolle kommt in dieser Legende dem spanischen Judentum zu, das sich als wahrer Nachfolger des babylonischen Zentrums versteht. Es handelt sich dabei um einen Gründungsmythos, wie ihn so viele Gemeinden aufweisen können. Interessant daran ist, dass die Vorrangstellung des Judentums auf der iberischen Halbinsel gegenüber anderen jüdischen Gemeinden bereits fest in ihr Bewusstsein eingeschrieben war. Und dies nicht ohne Grund. Solange im Westgotenreich ein christliches Konzil nach dem anderen antijüdische Gesetze verabschiedete, war an eine Blüte jüdischen Lebens nicht zu denken. Doch der Sieg der Muslime bei Xeres de la Frontera im Jahre 711 brachte der jüdischen Minderheit auf der iberischen Halbinsel neue Perspektiven.

Mit dem Sieg des Islams in Spanien waren Juden nicht zum ersten Mal unter islamische Herrschaft geraten. Große jüdische Gemeinden des Nahen Ostens und Nordafrikas lebten bereits im Herrschaftsbereich des Halbmonds. Juden wie auch Christen galten als »dhimmi«, als Völker des Buches, deren Religion geduldet wurde. Zwar wurden zahlreiche diskriminierende Gesetze gegen sie erlassen. So sollten ihre Synagogen (und Kirchen) geschont werden, sie durften sie aber weder renovieren noch neue bauen, sie sollten nicht auf Pferden reiten und mussten besondere Abzeichen tragen. Doch häufig wurden diese Gesetze in der Praxis nicht angewandt: zahlreiche neue Synagogen entstanden, und die Quellen berichten, wie der Exilarch (die oberste jüdische Autorität der babylonischen Juden) in Begleitung seiner Diener und feierlich geschmückt auf einem Pferd durch die Stadt ritt.

Wie im Christentum ist auch im Islam ein zwiespältiges Verhältnis gegenüber dem Judentum festzustellen. Mohammed wurde zwar von der hebräischen Bibel stark beeinflusst und erkannte Moses ebenso wie Jesus als Prophet an, kämpfte aber gleichzeitig gegen jüdische Stämme in Arabien, die sich nicht zur neuen Religion bekehren lassen wollten. Der Koran verehrt zwar Abraham auch als Stammvater der Muslime, ist gleichzeitig aber

Gottesdienst in der Synagoge; jüdische Buchmalerei aus Spanien, um 1350.

nicht frei von gehässigen Bemerkungen gegenüber den Juden. So kam es im christlichen wie im muslimischen Herrschaftsbereich immer darauf an, welche Interpretation man jeweils bevorzugte: eine judenfreundliche oder eine judenfeindliche. Wenn es auch im Christentum durch das Judesein Jesu einerseits und den Vorwurf des Gottesmords andererseits wesentlich mehr Potential für Spannungen gab als im Islam, wohnte doch beiden Religionen diese Ambivalenz im Verhältnis zur Mutterreligion inne.

Die jüdische Geschichte in Spanien während nahezu eines Jahrtausends verdeutlicht dies nur allzu gut. Es ist nicht zu leugnen, dass vor allem während der frühen Jahrhunderte muslimischer Herrschaft die Juden Chancen des Zusammenlebens erhielten wie selten vorher oder nachher und dass sich eine beeindruckende Blüte jüdischen Geisteslebens entfaltete. Doch gab es auch Zeiten, in denen Juden aus dem muslimischen in den christlichen Machtbereich flüchteten und in denen sich im christlichen Spanien ein fruchtbares Zusammenleben entwickelt.

Die ältere Geschichtsschreibung spricht häufig vom »Goldenen Zeitalter« der Juden in Spanien. Mit der Gründung des Kalifats von Cordoba im Jahre 929 wird in der Regel der Höhepunkt dieses Zeitalters angesetzt, das bedeutende jüdische Staatsmänner, Dichter, Philosophen und Bibelexegeten hervorbrachte – nicht selten vereinte eine Person mehrere dieser Qualitäten. Zudem galten die Juden als Vermittler und Übersetzer zwischen dieser islamischen Kultur, die auch die griechische Antike wiederentdeckte, und dem christlichen Abendland. Mit Chasdai Ibn Schaprut und später Schmuel Ha-Nagid (»der Fürst«) sollten Juden wichtige politische Positionen im Kalifat von Cordoba bzw. Granada einnehmen. Sie verfassten auch hebräische Gedichte und waren Förderer der Künste und Wissenschaften.

Die bedeutendsten aus Spanien stammenden jüdischen Denker waren der im christlichen Toledo lebende Juda Halevi (um 1083–1142) und der im muslimischen Cordoba geborene Maimonides (Moses ben Maimon, 1135–1204). Juda Halevis Gedichte gehören zu den bewegendsten Texten der hebräischen Literatur. Darin gab er auch seiner Sehnsucht nach dem Land Israel Ausdruck, in das er sich im Jahre 1141 aufmachte. Sein wohl bekanntestes Gedicht beginnt in der Übersetzung Franz Rosenzweigs mit den Worten:

»Zion! Nicht fragst Du den Deinen nach, die Joch tragen,
Rest Deiner Herden, die doch nach Dir allein fragen?
West, Ost und Nordsturm und Süd, – o laß von ihnen den Gruß
All Deiner Glieder, so fern, so nahe, Dir sagen.«

Juda Halevi war in seinem Selbstverständnis mehr Gegner der Philosophie als Philosoph. Doch bekämpfte er mit den Mitteln der Philosophie den Rationalismus der Philosophen, wie er sich bei den muslimischen Aristotelikern, aber auch bei all seinen jüdischen Vorgängern im muslimischen Herrschaftsbereich Platz geschaffen hatte. Für Juda Halevi beweisen die vielen Streitereien zwischen unterschiedlichen philosophischen Schulen, dass es im Gegensatz zu den exakten Wissenschaften wie etwa der Mathematik, in der Philosophie keine rationale Gewissheit geben kann. Der religiösen Erkenntnis räumt er größere Bedeutung ein als dem rationalen Erkennen, wobei er mehr als andere jüdische Philosophen des Mittelalters die besondere und übernatürliche Rolle der Juden in der Menschheitsgeschichte hervorhebt. Auch die Zentralität des Landes Israel kommt bei ihm besonders stark zum Vorschein. So vergleicht er einmal das Volk Israel mit einem edlen Weinstock, der nur auf dem richtigen Boden und bei richtiger Pflege vollkommene Trauben hervorbringt: der Boden ist hier das Heilige Land, der rechten Pflege entspricht die Beachtung des Zeremonialgesetzes.

Sein wichtigstes philosophisches Werk verfasste Juda Halevi wie alle seine jüdischen Zeitgenossen in der lingua franca der Philosophie jener Zeit, d. h. in arabischer Sprache. Es erschien unter dem Titel »Buch der Argumentation und des Beweises zur Verteidigung des mißachteten Glaubens« und will die Überlegenheit der jüdischen Religion über andere Religionen sowie über die Philosophie belegen. Gekleidet ist das Buch in die historische Rahmenerzählung von der Konversion des Königs Bulan vom Volk der Chasaren, einem halbnomadischen Turkstamm, im achten Jahrhundert zum Judentum. In der Tat handelte es sich hier um den einmaligen Fall, dass die herrschenden Kreise eines großen Reiches sowie ein Teil ihrer Untertanen die jüdische

Religion angenommen hatten. Zur Zeit Juda Halevis war dieses einst große und machtvolle Reich am Unterlauf der Wolga und am Kaspischen Meer zwar bereits untergegangen, doch wusste er wohl von Dokumenten wie dem bis heute erhaltenen Briefwechsel des Chasdai ibn Schaprut mit einem Chasarenfürsten aus dem 10. Jahrhundert, in dem davon berichtet wird, wie muslimische, jüdische und christliche Gelehrte am Chasarenhof disputiert hätten, bevor sich der Herrscher für einen Glauben entschied. So ist denn das Buch Juda Halevis unter dem Titel »Kusari« bekannter geworden als unter dem ursprünglich komplizierteren. Der Autor lässt darin den Philosophen sowie die christlichen und muslimischen Gelehrten ihre Argumente vortragen, doch sie können den Fürsten nicht überzeugen. Kernstück des Buches ist der Nachweis, wie diese Kunst dem jüdischen Gelehrten gelang. Juda Halevi will mit seinem Buch das Selbstvertrauen der Juden als Minderheit unter Kreuz und Halbmond stärken, indem er ihre besondere Erwählung hervorstreicht, und er will ihre Verbundenheit mit dem Land Israel festigen.

Ganz anders dagegen präsentiert sich das Werk des wichtigsten mittelalterlichen jüdischen Philosophen Maimonides, auch als Rambam bezeichnet (nach den Anfangsbuchstaben seines hebräischen Namens Rabbi Moses Ben Maimon). Vor den Almohaden, gewalttätigen Berberstämmen, die die Herrschaft in Spanien an sich gerissen hatten, flüchtete Maimonides mit seiner Familie zunächst aus Cordoba, 1159 dann aus Spanien und gelangte zunächst ins marokkanische Fes. Nach einem kurzen Aufenthalt im Heiligen Land ließ Maimonides sich schließlich in Fustat (Alt-Kairo) nieder, wo er es bis zum Leibarzt des Kalifen brachte.

Neben seinen medizinischen Traktaten verfasste Maimonides eine Vielzahl von talmudischen Schriften in hebräischer Sprache, gipfelnd in dem systematischen Gesetzeskompendium »Mischne Tora«, sowie philosophische Werke in arabischer Sprache, von denen der um 1190 vollendete »Führer der Unschlüssigen« besonders hervorsticht. Dieses bemerkenswerte Buch richtet sich nicht an die religiösen Massen, sondern an eine kleine intellektuelle Elite, die bereits in die Welt der Wissenschaften und Philosophie eingetaucht und somit in Konflikt mit der jüdischen Lehre gekommen ist. Für diesen Personenkreis legt Maimonides auf aristotelischer Grundlage dar, wie der biblische Text nicht wörtlich, sondern allegorisch zu verstehen sei. Die Bibel sei Maimonides zufolge auf zwei Ebenen verständlich: auf der Ebene des wörtlichen Sinnes, der sich jedermann enthülle, sowie der des allegorischen Sinnes, der nur für den philosophisch vorgebildeten Leser erkennbar sei.

Blatt aus einer spanischen Ausgabe von »More Newuchim« – »Führer der Unschlüssigen« – von Moses Maimonides.

Mit dieser Interpretation schuf Maimonides sich nicht nur großen Respekt, sondern auch viele Gegner unter seinen Zeitgenossen und vor allem Nachgeborenen. Während sie alle den Autor des »Mischne Tora« verehrten, kritisierten manche die implizite Aussage des »Führers der Unschlüssigen«, wonach erst durch das Studium der Philosophie der tiefere Sinn des Bibeltextes deutlich werde. Einige gingen gar so weit zu behaupten, die beiden Schriften könnten unmöglich vom selben Autor stammen. Es mag kaum überraschen, dass in der jüdischen Aufklärungsbewegung des 18. Jahrhunderts, die jüdische Traditionen mit modernem Denken vereinen wollte, der »Führer der Unschlüssigen« als zentraler Text wiederentdeckt wurde.

Neben der Bibel- und Talmudauslegung sowie der Philosophie widmeten sich viele Juden im mittelalterlichen Spanien in ihren Schriften den Wissenschaften, sei es der Astronomie, der Geographie oder der Medizin. So war Maimonides nicht nur als Gesetzeslehrer und Philosoph angesehen, sondern auch als Arzt, dessen Werke in lateinischer Sprache in ganz Europa Verbreitung fanden. Auch als Vermittler und Übersetzer zwischen den Kulturen spielten die Juden auf der iberischen Halbinsel eine bedeutende Rolle. Oftmals waren es jüdische Übersetzer, die arabische Werke – darunter zahlreiche ursprünglich altgriechische Texte – ins Lateinische (manchmal über den Umweg des Hebräischen) übertrugen und somit den europäischen Gelehrten zugänglich machten. Jüdische Übersetzer wirkten am Hofe Friedrichs II. ebenso wie an dem des Königs Karl I. von Neapel.

Die Geschichte des mittelalterlichen Spanien zeigt sehr anschaulich, dass es vereinfachend wäre zu behaupten, *der* Islam oder *das* Christentum seien tolerant oder intolerant gegenüber den Juden gewesen. Die Situation der Juden hing nicht davon ab, ob sie unter muslimischen oder christlichen Herrschern lebten, sondern wie diese ihre Religion interpretierten. Es ist richtig, dass der Islam etwas weniger Spannungsfelder mit dem Judentum aufweist als das Christentum, dessen Religionsgründer schließlich Jude war und für dessen Tod nach christlicher Auffassung andere Juden verantwortlich gemacht werden konnten. Wer möchte, kann sich auch heute noch aus dem Neuen Testament und den Schriften der Kirchenväter Texte heraussuchen, die nicht gerade judenfreundlich klingen. Ähnliches gibt es – wie angedeutet – auch im Koran, doch war die Beziehung zwischen Mohammed und den Juden nicht ganz so eng und ambivalent wie die Beziehung des Judentums zum frühen Christentum, das ja zunächst als eine jüdische Sekte entstand. Und je enger die gegenseitigen Beziehungen waren, umso größer die potentiellen Spannungsfelder. Ein Gegenbeispiel macht dieses Verhältnis deutlicher: als im Mittelalter jüdische Gemeinden in China und Indien entstanden, hatten diese in einem völlig fremden religiösen Umfeld mit viel weniger antijüdischen Ressentiments zu kämpfen als in Europa oder Nordafrika.

So gab es also auch in Spanien Zeiten, in denen Juden vor der Reconquista, der Rückeroberung der iberischen Halbinsel durch die Christen, in den liberaleren muslimischen Süden flüchteten, und es gab Zeiten, da sie vor fanatischen Muslimen in den christlichen Norden auswichen, oder, wie wir bereits am Beispiel der Familie des Maimonides sehen konnten, einen toleranten gegen einen fanatischen Islam eintauschten. Die fortschreitende Rückeroberung Spaniens durch die Christen bedeutete auf jeden Fall noch nicht von vornherein das Ende jüdischen Lebens. Im Gegenteil, auch im christlichen Spanien erlebten die Juden noch Jahrhunderte fruchtbarer Existenz. Jüdische Handwerker hatten ihre eigenen Zünfte, es gab jüdische Schmiede und Weber, Landwirte und Kaufleute.

Die Verordnungen zum Tragen spezieller Judenabzeichen wurden häufiger als im restlichen Europa ignoriert, die Gelehrsamkeit fand im christlichen Spanien wie im muslimischen ein wichtiges Zentrum und die Kunst des Synagogenbaus und der Buchillustrationen blühte hier. Manche Juden bekleideten an christlichen Höfen hohe Ämter, wie etwa Schmuel Halevi Abulafia, der unter König Pedro IV. (1350–1369) Finanzminister war. Sein ehemaliger Palast, der noch heute in Toledo zu sehen ist, diente später El Greco als Wohnhaus. Abulafia baute auch die bis heute erhaltene – freilich längst in eine Kirche umgewandelte – El Transito-Synagoge in Toledo. Wie oftmals in der jüdischen Geschichte war es jedoch nicht weit vom Aufstieg zum tiefen Fall der jüdischen Höflinge: Abulafia wurde in Hofintrigen verwickelt, verleumdet und verhaftet, seines Vermögens beraubt und starb schließlich unter der Folter. Schlimmer noch, die Juden insgesamt wurden für seine angeblichen Vergehen schuldig gemacht, und bei dem Angriff auf das jüdische Viertel von Toledo im Jahre 1355 sollen mehr als 1200 Juden getötet worden sein.

Das 14. Jahrhundert markierte in der Tat einen Umschwung der Situation der Juden auf der iberischen Halbinsel. Der religiöse Fanatismus nahm spürbar zu, und der bevorstehenden Vollendung der Reconquista, die ganz Spanien wieder christlich machen sollte, waren nicht nur die Muslime, sondern auch die Juden im Weg. Nach den Hetztiraden fanatischer Wanderprediger eskalierte die Situation am Ende des 14. Jahrhunderts. Die Brandstiftung des bedeutenden jüdischen Viertels von Sevilla 1391 gab den Auftakt für ein Jahrhundert fortschreitender Zerstörung jüdischen Lebens. Unter Einfluss der Hasspredigten des Dominikanermönchs Vincente Ferrer, der in dem getauften Juden Paul von Burgos einen Mitstreiter fand, erließ die Königinmutter Katharina, die für den minderjährigen Johann II. von Kastilien regierte, im Jahre 1412 einen Erlass, der die kastilischen Juden aller Rechte beraubte, sie aus öffentlichen Ämtern verjagte und eine klare gesellschaftliche Trennung zwischen Juden und Christen verordnete. Mit diesen Gesetzen im Rücken zog nun Vicente Ferrer durchs Land, hielt Bekehrungspredigten in den Synagogen und wandelte diese gelegentlich mit den ihn begleitenden Fanatikern sogleich in Kirchen um. Hauptzweck all dieser Maßnahmen war es, die Taufe der Juden zu erreichen. Innerhalb weniger Jahre hatten ca. 20.000 Juden die christliche Religion angenommen, zumeist nur aus Angst, dass sie sonst nicht überleben würden. Mit dieser Massentaufbewegung entstand bereits in der ersten Hälfte des 15. Jahrhunderts die Bewegung der »Neuchristen«, von den Spaniern auch »conversos« (Bekehrte) genannt.

Es waren so genannte Neuchristen, die die Expedition des Columbus unterstützten, sowohl als Finanziers wie auch als Dolmetscher, die ihn begleiteten. Die häufig vertretene Meinung, Columbus selbst stamme aus einer ursprünglich jüdischen Familie, entbehrt jedoch einer historisch gesicherten Grundlage. Seit Mitte des 15. Jahrhunderts mehrten sich die Bestrebungen zu kontrollieren, ob die Neuchristen nicht tatsächlich insgeheim jüdische Traditionen praktizierten. 1478 wurde schließlich die spanische Inquisition eingerichtet, die sich dieser Frage annehmen sollte. 1481 fand die erste Auto-da-Fé statt, die feierliche Verkündung und Vollstreckung eines von einem Gericht der Inquisition gefällten Urteils, und innerhalb eines Jahres wurden allein in Sevilla über 300 des »Judaisierens« angeklagte

Neuchristen Opfer des Scheiterhaufens. Unter dem 1483 als Großinquisitor eingesetzten Thomas de Torquemada sollte die Inquisition, die erst im 19. Jahrhundert abgeschafft wurde, am grausamsten wüten.

Darstellung der Vertreibung der Juden aus Spanien, nachdem der Großinquisitor Torquemada im März 1492 den Ausweisungsbeschluss der Herrscher erwirkt hatte.

Torquemada drängte das Königshaus, die Juden aus Spanien zu vertreiben, damit die Neuchristen mit der jüdischen Religion nicht mehr in Berührung kamen. Zu jener Zeit regierten Isabella von Kastilien und Ferdinand von Aragon, deren Ehe die Vereinigung der beiden Staaten besiegelte und deren Eroberung der letzten muslimischen Enklave Granada am 2. Januar 1492 ganz Spanien wieder unter christliche Herrschaft stellte. Vorher hatte sich vor allem Ferdinand gegen eine Ausweisung zur Wehr gesetzt. Seine Finanzen verwaltete der auch durch seine jüdische Gelehrsamkeit bekannte Don Isaak Abravanel, dem es aber nach der Vollendung der Reconquista auch nicht mehr gelang, sich für das Wohl seiner Glaubensgenossen einzusetzen. Am 31. März 1492 unterzeichnete das Königspaar im Löwenhof der Alhambra von Granada das »Generaledikt über die Ausweisung der Juden aus Aragon und Kastilien«. Den Juden blieben vier Monate Zeit, in denen sie die katholische Religion annehmen konnten oder das Land verlassen mussten. Auch das Ende der bedeutenden und traditionsreichen jüdischen Gemeinde von Sizilien, das unter aragonesischer Herrschaft stand, war damit besiegelt.

Über 200.000 Juden sollen aus Spanien geflüchtet sein, ein großer Teil von ihnen ging zunächst in das benachbarte Portugal oder in das kleine Navarra, die einzigen Länder, die sie auf dem Landweg erreichen konnten. Navarra konnte dem Druck des großen Nachbarn jedoch nicht lange widerstehen und erließ 1498 ein ähnliches Edikt wie in Spanien. Ähnlich war die Situation in Portugal, wo die Juden zunächst für eine kurze Frist bleiben konnten. Da sich so schnell nicht genügend Schiffe für die Weiterreise finden ließen, verschlechterte sich auch dort die Situation. Im Dezember 1496 unterzeichnete der portugiesische König Manuel ein Ausweisungsedikt, demzufolge die in Portugal verbliebenen Juden bis Oktober 1497 das Land zu verlassen oder die Taufe zu empfangen hätten. Doch waren seine Absichten anders als die des spanischen Königshauses. Er wollte die für die Wirtschaft des Landes wichtigen Menschen nicht vertreiben, aber auch nicht als Juden behalten. In der Folge kam es während des Jahres 1497 zu massenhaften Zwangstaufen, die fast alle Juden im Lande betrafen. Hier entstand also in viel größerem Ausmaß eine gegen ihren Willen christlich getaufte Bevölkerung, von der in der Tat später viele im Verborgenen an Resten der jüdischen Traditionen festhalten sollten. Diese von der einheimischen Bevölkerung verächtlich »Marranen« (»Schweine«) genannte Gruppe kehrte oftmals erst in den darauf folgenden beiden Jahrhunderten nach ihrer Auswanderung in andere Länder zum Judentum zurück.

Auf der iberischen Halbinsel war damit für Jahrhunderte jüdisches Leben ausgelöscht. Nachdem England und Frankreich ihre Juden bereits vorher vertrieben hatten, war ganz Westeuropa ohne jüdische Bevölkerung. Dennoch sorgte sich die spanische Inquisition noch Jahrhunderte lang um die Reinhaltung der christlichen Religion. Mehr noch, in Spanien wurden die ersten Rassegesetze erlassen, die die so genannte »limpieza de sangre« (Blutreinheit) für bestimmte Ämter und Würden erforderlich machte. Das bedeutete in der Praxis, dass »Neuchristen«, egal wie treu sie an ihrem neuen Glauben festhielten, von bestimmten Berufen und Ämtern ausgeschlossen blieben. Dies wiederum trieb so manche treue christliche »Conversos« zurück in die Identifikation mit den jüdischen Vorfahren.

Aschkenas:
Die Wurzeln des mitteleuropäischen Judentums

So wie die iberische Halbinsel in der hebräischen Sprache als *Sefarad* in Erinnerung blieb, wurde *Aschkenas* der Ausdruck für das mittelalterliche Deutschland. Auch dieser Begriff hat in der Bibel seinen Ursprung, wo er in Genesis 10,3 als Name eines Nachkommen des Noah-Sohnes Japhet auftaucht, der in der jüdischen Tradition als Stammvater der nördlichen Völker gilt. Die Grenzen für Aschkenas entsprechen nicht denen des mittelalterlichen Römischen Reiches Deutscher Nation. Zunächst bezeichnete der Ausdruck jene Juden, die in Nordfrankreich und in der Rheingegend bis hinunter zur Donau nach Regensburg siedelten. In diesem Raum entstanden die bedeutendsten jüdischen Gemeinden des mittelalterlichen Aschkenas, allen voran die Dreiergemeinde SchUM, deren drei Anfangsbuchstaben die Städte Speyer, Worms (im hebräischen Alphabeth sind w und u identisch) und Mainz bezeichnen. Als später die Juden aus deutschen Städten und Territorien vor allem nach Osten fliehen, nehmen sie die Bezeichnung *aschkenasische Juden* mit. Mit anderen Worten: Aschkenas bezeichnet ursprünglich den mitteleuropäischen Raum, aschkenasische Juden können aber auch außerhalb Mitteleuropas leben.

Über die Ursprünge des deutschen Judentums gibt es unterschiedliche Berichte. Sicher ist, dass die älteste überlieferte Urkunde von einer Ansiedlung von Juden in Köln aus dem Jahr 321 berichtet, doch ist eine kontinuierliche jüdische Geschichte in der Region nicht bezeugt. Erst seit der Karolingerzeit kann man von einer kontinuierlichen Existenz sprechen. Ihre Ursprünge mögen vielfältig sein. Die meisten Juden kamen wohl aus dem Süden wie jene Familie Kalonymus, die im 10. Jahrhundert aus Lucca in Oberitalien nach Mainz zog und später viele Gelehrte, Mystiker und Dichter hervorbrachte. Zahlreiche mittelalterliche Judengassen zeugen bis heute von der Ansiedlung jüdischer Gemeinden, in manchen Fällen selbst Ortsnamen wie Judenburg oder Villejuif.

Die Zahl der Juden im mittelalterlichen Reich betrug um das Jahr 1300 etwa 100.000 Personen, die in über 1000 verschiedenen Orten siedelten. Die größten Gemeinden, wie Erfurt oder Nürnberg, zählten wohl an die 1000 Seelen und bildeten damit bis zu 10 % der Gesamtbevölkerung.

Im mittelalterlichen Europa waren Juden Kaufleute, aber zunächst auch häufig Handwerker wie Seidenweber, Glasbläser und Färber. In jener frühen Zeit gab es auch landwirtschaftliche jüdische Niederlassungen. Weinbau und

Jüdische Berufe nach einer Darstellung aus dem 19. Jahrhundert. Während im mittelalterlichen Europa Juden häufig auch Handwerksberufe ausübten, wurde ihre Berufswahl später immer weiter eingeschränkt, so dass sie vor allem als Händler oder Geldverleiher ihren Lebensunterhalt bestritten.

Weinerzeugung gehörten ebenso zu jüdischen Berufen wie Vieh- und Pferdezucht.

In rechtlicher Hinsicht unterstanden sie zunächst keiner einheitlichen Gesetzgebung. Ihre Rechtstellung war in individuellen Privilegien, die sich auch auf jüdische Gemeinden ausdehnen konnten, definiert. Vielerorts ist bezeugt, dass Juden nicht nur in vielen Berufen tätig waren, sondern auch Waffen tragen durften. Mit der Verschlechterung ihrer rechtlichen Grundlagen sollte sich auch ihre Berufsstruktur verändern. Da für die Landbelehnung ein christlicher Eid notwendig wurde, gab es bald kaum noch jüdische Bauern. In vielen Handwerken kam es später zur Bildung der Zünfte, in die nur Christen zugelassen wurden. Nur in wenigen großen jüdischen Gemeinden konnten Juden weiterhin für jüdische Kunden als Handwerker tätig sein und schlossen sich manchmal zu eigenen Zünften zusammen. Juden blieb also vor allem der Bereich des Handels übrig, wobei hier wiederum das im Dritten Laterankonzil von 1179 unterstrichene kanonische Zinsverbot, das es den Christen untersagte, anderen Christen gegen Zins Geld zu verleihen, zu einer Zunahme jüdischer Geldhändler führte. Auf diese Weise in bestimmte Berufsgruppen gedrängt, wurden Juden nicht nur zu religiösen, sondern auch wirtschaftlichen Außenseitern. In vielen Landstrichen wurden sie als Händler oder Geldverleiher wahrgenommen, und das waren in der Regel nicht die geachtetsten Berufe.

Die Juden siedelten sich in größeren Orten oft in räumlicher Nähe zur Synagoge an. Eine Abgrenzung dieses Wohngebietes vom übrigen Stadtgebiet durch Mauern gab es erst später, und dann zunächst auf Bitten der Juden selbst. Als Kaiser Heinrich IV. den Juden in Speyer 1084 unter Vermittlung des dortigen Bischofs Ruediger zugesteht, dass sie ihr Viertel ummauern dürfen, ist dies Teil eines Privilegs an die Gemeinde. So entsteht das abgeschlossene jüdische Viertel, und wie der Historiker Salo Baron später bemerkte, ließen sich die Ghettotore zuerst von innen und nicht von außen verschließen. Mit anderen Worten: die Mauer wurde ihnen nicht aufgezwungen, sondern auf jüdischen Wunsch hin gebaut. Dennoch stellt sich die Frage: wozu benötigen sie eine zusätzliche Mauer zur Stadtmauer? Die Antwort sollte nur wenige Jahre nach jenem Privileg von Speyer auf grausame Art gegeben werden.

Der 1. Kreuzzug im Jahr 1096 bedeutete für die aschkenasischen Juden Verwüstung, Zerstörung und oft auch Zwangstaufe oder Tod. Als das aus Rittern und vielen Abenteurern bestehende Kreuzfahrerheer gen Osten marschierte, um Jerusalem von den ungläubigen Muslimen zu befreien, erfasste der religiöse Fanatismus viele schon unterwegs, wo man Ungläubige auch in Europa wahrnahm. Bewegende Chroniken berichten von Juden, die den Tod der Taufe vorziehen und von den Kreuzfahrern auf grausame Art ermordet werden. Ganze jüdische Gemeinden wurden so vom Erdboden getilgt. Manche Kirchenfürsten gewährten den Juden – gegen stattliche Bezahlung – Schutz und Zuflucht, doch oft nützte auch dieses wenig. Die Beute, die man den Juden raubte, wurde häufig zwischen den Kreuzfahrern sowie weltlichen und kirchlichen Stellen aufgeteilt. Selbst in Jerusalem, wohin die Kreuzfahrer 1099 gelangten, wurde die jüdische Gemeinde zerstört, die Synagoge, in die sich die Juden geflüchtet hatten, in Brand gesteckt.

Kaiser Heinrich IV. betonte wiederholt seine Rolle als Schutzherr der Juden. Er erlaubte den zwangsgetauften Juden wieder zu ihrer Religion zurückzukehren, befahl eine rechtliche Untersuchung über ihr gestohlenes Gut und stellte im Landfrieden von 1103 die Juden wie auch andere Minderheiten unter besonderen Schutz. Friedrich II. sollte 1236 in einer Ausdehnung des Privilegs von Worms auf alle Juden im Reich erstmals von »servi camerae nostri« sprechen und damit den von Papst Innozenz III. geprägten Begriff der Knechtschaft der Juden übernehmen. Während des Spätmittelalters bildeten die Judensteuern daraufhin den größten Teil der Einkünfte der kaiserlichen Kammer und wurden somit auf der einen Seite unentbehrlich, auf der anderen aber zu einer Kapitalmasse, bei deren Ausbeutung manche Herrscher keine Skrupel kannten. In der Praxis nämlich ging das »Judenregal«, wie das Herrschaftsrecht über die Juden genannt wurde, häufig von der königlichen Gewalt auf einzelne Landesfürsten oder geistliche Herren über. Trotz des kaiserlichen Schutzes war eine der Erkenntnisse des 1. Kreuzzugs wie auch der späteren Verfolgungen, dass es sich bei den Juden um eine relativ kleine und schutzlose Minderheit

Niederbrennen des Turms von Verdun-sur-Garonne während des 3. Kreuzzuges 1320. In den Turm hatten sich 500 Juden geflüchtet.

handelte, deren Hab und Gut sich leicht entwenden ließ. Diese Erkenntnis sollte nicht nur während der folgenden Kreuzzüge, sondern während des gesamten Mittelalters seine Folgen haben. Die Kreuzzüge gaben ein Signal für eine ganze Reihe pseudoreligiöser Argumente, die die Verfolgung der Juden rechtfertigen sollten, letztlich jedoch zu nichts weiter als der eigenen oder kollektiven Bereicherung dienten. Seit dem 12. Jahrhundert kursierten, ausgehend von England (zuerst in Norwich 1144) und Frankreich (1171 in Blois) und sich schnell über Deutschland verbreitend (zuerst 1247 im brandenburgischen Belitz), Märchen von Ritualmord und Hostienschändung, denen zufolge Juden kleine Christenkinder mit Vorliebe vor Ostern töteten und ihr Blut zu rituellen Zwecken gebrauchten bzw. christliche Hostien aus den Kirchen entwendeten und mit einem Messer durchstachen, um so den Leib Christi ein zweites Mal zu schänden. Obwohl Päpste, Kaiser und Könige wiederholt betonten, dass derartigen Verleumdungen nicht Glauben zu schenken sei, hielten die niederen Geistlichen wie die Volksmassen oft an einem solchen Irrglauben fest. Kein Wunder, denn die Orte, an denen solche Kinderleichname bzw. geschändete Hostien entdeckt wurden, wurden schnell zu Wallfahrtsorten, also mittelalterlichen Touristenattraktionen, die viele Besucher und damit Geld ins Land brachten. Zudem wurden die Juden am Ort nach solchen Anklagen oft verhaftet und nur gegen Geld wieder freigelassen oder einfach unter Beschlagnahmung ihres Besitzes umgebracht. Noch bis ins 20. Jahrhundert hinein tauchten mancherorts solche Legenden auf, von denen bis heute bildliche Darstellungen Auskunft geben.

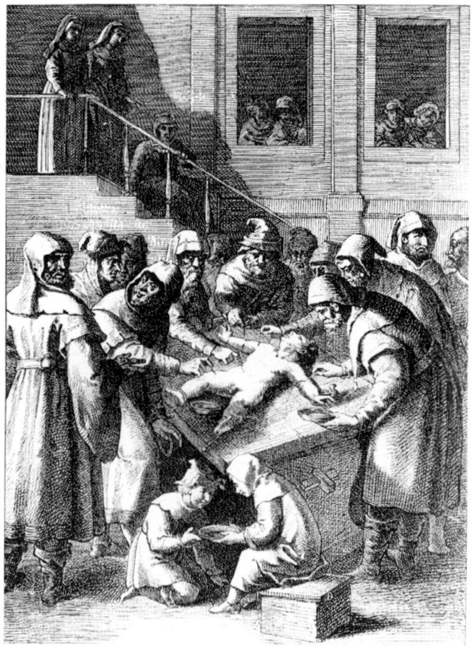

Angeblicher Ritualmord der Juden an einem Christenknaben in München. Obwohl selbst hohe kirchliche Stellen die Haltlosigkeit dieser Anschuldigungen feststellten, hielt sich dieser Vorwurf neben den Märchen von der Hostienschändung und der Brunnenvergiftung durch die Juden.

Zu diesen Anklagen kam im 14. Jahrhundert die Beschuldigung hinzu, Juden hätten die Brunnen vergiftet und so die Pest ausgelöst. Zunächst tauchte diese Anklage 1321 in Frankreich auf, wo Juden angeblich auf Veranlassung

Angebliche Vergiftung eines Brunnens durch Juden im Mittelalter.

der Maurenkönige die Aussätzigen dazu anhielten, die Brunnen zu vergiften. Man sieht hier, wie im Mittelalter Verschwörungstheorien funktionierten: allerlei Randgruppen der Gesellschaft tun sich nach der Vorstellung der Mehrheit zusammen, um dieser Schaden zuzufügen. Diese Art von Beschuldigungen boten oft den Anlass zu blutigen, manchmal flächendeckenden Judenverfolgungen, wie 1298 unter einem Anführer namens Rintfleisch und in den dreißiger Jahren des 14. Jahrhundert unter dem sogenannten König Armleder vor allem in Süddeutschland. Besonders heftig wüteten die Verfolger in den Pestjahren 1348–1350. Die Wandlung des Bildes von den Juden im christlich-religiösen Leben des Mittelalters sollte ebenfalls ungünstigen Einfluss auf ihre praktische Lebenssituation nehmen. Unter Einfluss der neuen Bettelorden kam es zu einer Zunahme und Popularisierung der Judenfeindschaft. Vielerorts wurden öffentliche Disputationen angeordnet, deren Ausgang zugunsten der Christen zumeist von vornherein feststand. In Paris stand 1240 am Ende einer solchen Disputation die Verbrennung sämtlicher Talmudexemplare. Überhaupt hat sich aufgrund der zahlreichen Talmudverbrennungen nur eine einzige vollständige mittelalterliche Handschrift jener am meisten studierten jüdischen Schrift erhalten, die heute in der Bayerischen Staatsbibliothek in München aufbewahrt wird.

Die bildliche Darstellung des Judentums sollte keinen Zweifel daran lassen, welche Religion triumphiere und welche sich beugen müsse. Äußeres Zeichen dafür waren die an zahlreichen Kirchen angebrachten Statuen der siegreichen Ecclesia mit Krone und Szepter, der die geschlagene Synagoga mit verbundenen Augen (für die Blindheit gegenüber der biblischen Wahrheit) und dem zerbrochenen Stab (für den Verlust der Macht) zur Seite gestellt wurde. Andere Darstellungen gingen in ihrer Deutlichkeit noch weiter und dämonisierten die Juden zu unmenschlichen Wesen, die an einem Schwein (der Judensau) saugen und wie der Teufel Hörner tragen. In mittelalterlichen Beschreibungen geht die Dehumanisierung der Juden so weit, dass von einem ihnen anhaftenden »foetor judaicus« (einem jüdischen Geruch) gesprochen wird und jüdische Männer als menstruierend beschrieben werden. Rechtsverordnungen legten auch eine bestimmte, in den einzelnen Staaten differierende, Judentracht fest. Oftmals wurden sie durch den spitzen Judenhut gekennzeichnet, aber auch durch bestimmte Judenabzeichen, wie einen gelben Fleck oder einen roten Ring.

Für die Herrscher hatten die Juden noch ihren Nutzen, solange sie Geld besaßen. Sie zahlten für den Schutz, den sie erhielten, mit Sonderabgaben und waren zudem verpflichtet, den Königen und Fürsten, sofern sie diese benötigten, Anleihen zu gewähren.

Schwierig wurde es, wenn die Juden ihre Abgaben nicht mehr zahlen oder wenig zum Geldhandel beitragen konnten. Der britische Historiker Cecil Roth benutzte einmal für die britischen Juden das Bild vom Schwamm, den der König sich im Volk vollsaugen lässt, um ihn dann für sich auspressen zu können. Wenn der Schwamm jedoch trocken blieb, wurde er nutzlos. Genau dies geschah in England am Ende des 13. Jahrhunderts. Als eine Folge wurden die Juden Englands im Jahr 1290 aus dem Land vertrieben, im 14. Jahrhundert folgten dann die französischen Juden, und im späten Mittelalter auch die jüdischen Gemeinden vieler deutscher Territorien und fast aller Städte. Mit Ausnahme von Frankfurt, Worms und Prag mussten sie die Städte verlassen, in denen vor allem die christliche Konkurrenz ihre Vertreibung forcierte. Nürnberg im Jahr 1499 und Regensburg 1515 standen am Ende dieser Entwicklung.

Der Holzschnitt aus dem Jahre 1483 zeigt eine Disputation zwischen christlichen und jüdischen Gelehrten. Häufig wurden Juden zu solchen Disputationen gezwungen. Ziel der christlichen »Gesprächspartner« war die Herabwürdigung jüdischer Theologie.

Wohin gingen die vertriebenen Juden? Die britische Insel mussten sie ganz verlassen, die meisten anderen Staaten aber waren noch keine flächendeckenden Territorialstaaten. In Frankreich hielten sich Enklaven, in die Juden flüchten konnten, wie das päpstliche Gebiet um Avignon und die Grafschaft Provence. In den deutschen Staaten war es ähnlich: so manche Fürsten kleinerer Staaten sah eine Chance, die Staatsschatulle durch die Aufnahme von Juden aus den Nachbarstaaten zu verbessern. Insgesamt aber ist eine Abwanderung nach Osten, in Richtung Polen, bereits im Spätmittelalter nicht zu übersehen.

Die jüdischen Gemeinden zeichneten sich durch eine fest strukturierte Verwaltung aus, an deren Spitze der Parnass (Vorsteher) sowie die Tuwej ha'ir (Vertrauensmänner) standen. Der Schamasch (Gemeindediener) war der einzige bezahlte Beamte. Die Gemeinde verfügte über eine weitgehende rechtliche Autonomie in Streitigkeiten ihrer Mitglieder, die Sanktionsmöglichkeiten reichten von Geld- über Haftstrafen bis zum Bann (Cherem), der Exkommunikation aus der Gemeinschaft. Da es keine obersten Landesbehörden gab, waren die jeweiligen Gerichte und Rabbiner in ihren Handlungen frei und selbständig. Ein eigentliches Berufsrabbinat gab es noch nicht, die meisten Rabbiner gingen auch anderen Berufen nach.

Das Geistesleben der aschkenasischen Juden fand ebenso wie das der sefardischen Juden seinen Mittelpunkt im Studium der hebräischen Bibel, des Talmud und der rabbinischen Literatur. Der aus der hebräischen Mischna (bis ca. 200 n. d. Z. entstanden) und der aramäischen Gemara (3.–6. Jahrhundert) bestehende Talmud (es gibt eine wichtigere babylonische Fassung und eine weniger bedeutende in Palästina entstandene) enthält Diskussionen der wichtigsten jüdischen Gesetzeslehrer und behandelt in seinen 63 Traktaten praktisch alle Fragen des täglichen Lebens. Wegen seiner Lebens- und Praxisnähe wurde der Talmud noch weit häufiger und intensiver studiert als die Thora, aus der allerdings dreimal in der Woche (montags, donnerstags und vor allem am Schabbat) in der Synagoge vorgelesen wurde.

Die berühmteste aschkenasische religiöse Autorität im 10. Jahrhundert war der in Mainz wirkende Rabbenu Gerschom, auch Me'or Ha'Gola (die Leuchte des Exils, ca. 950–1028) genannt. Unter seinen zahlreichen Responsen (rabbinischen Rechtsgutachten) wurde jenes am berühmtesten, das die Polygamie untersagte. Man darf nicht vergessen, dass in der Bibel die Vielehe nicht nur erlaubt, sondern sogar üblich war, wenn man an die Patriarchen, aber auch Könige wie David und Salomo denkt. Auch für die Juden im muslimischen Herrschaftsbereich war die Polygamie bis weit in die Neuzeit hinein selberverständlich. Rabbenu Gershoms Entscheidung wurde jedoch von allen aschkenasischen Juden seit dem 10. Jahrhundert anerkannt – wobei sie nur eine seit langem ausgeübte Praxis rechtlich besiegelte.

Rabbenu Gerschom hatte zahlreiche berühmte Schüler, von denen einige die Jeschiwa (Talmudschule) in Worms leiteten. Hierher kam zum Studium auch der bekannteste aschkenasische Gelehrte des Mittelalters, Rabbi Schlomo ben Jizchak, genannt Raschi (1040–1105). Er stammte aus Troyes in Nordfrankreich und verfasste den bis heute meistgelesenen Kommentar zur Bibel, der nicht zufällig 1475 das erste gedruckte hebräische Buch war. Auch sein Talmudkommentar zeichnete sich durch Knappheit und die Kunst, komplexe Stellen möglichst einfach zu erklären, aus. Zu den wichtigsten seiner Schüler gehören seine Enkel und deren Schüler, die wichtige Glossen zum Talmud verfassten, welche unter dem Namen »Tossafot« (Zusätze) bekannt wurden. Sie selbst nennt man dementsprechend die Tossafisten.

Zur gleichen Zeit erlebte auch die jüdische Mystik zwischen Donau und Rhein ihre Glanzzeit. Vor allem in Regensburg (Juda ben Samuel, ca. 1150–1217) und Worms (Elasar ben Juda, ca. 1165–1230) bildeten sich mystische Zentren der Frommen, der Chassidej Aschkenas. Diese »Frommen aus Aschkenas« haben Askese und Martyrium eine große Rolle in der religiösen Praxis eingeräumt. Im Gegensatz zu den sich auf das Studium konzentrierenden Gelehrten in Frankreich wollten die deutsch-jüdischen Mystiker mehr als nur studieren und die Gesetze einhalten. Sie wollten darüber hinaus eifern und – ganz analog den Bettelorden – größere Bürden auf sich nehmen als es das Gesetz nahelegte.

Am Beispiel des berühmtesten deutschen Rabbiners des 13. Jahrhunderts, Meir aus Rothenburg (ca. 1215–1293), zeigt sich die unsichere Lage des aschkenasischen Judentums im späteren Mittelalter. Rabbi Meir, der über 1000 Responsen sowie Dichtungen und Talmudkommentare hinterließ, wird in manchen Quellen auch als eine Art Oberrabbiner des gesamten Reichs bezeichnet. Er setzte das Mehrheitswahlrecht in den Gemeinden durch und räumte damit mit den besonderen Privilegien der Ältesten und Gelehrten auf. Als sich die Lage für die Juden in Deutschland aufgrund immer höherer Steuern drastisch verschlechterte und daraufhin zahlreiche Juden aus dem Reich flüchten wollten, verbot König Rudolf I. den Juden die Ausreise. Rabbi Meir wurde nun dabei ertappt, wie er offenbar ins Heilige Land reisen wollte und 1286 in Haft gesetzt. Er wurde bis zu seinem Tod festgehalten und verweigerte sich beharrlich den Versuchen seiner Glaubensgenossen, ihn gegen große Summen Geld freizukaufen.

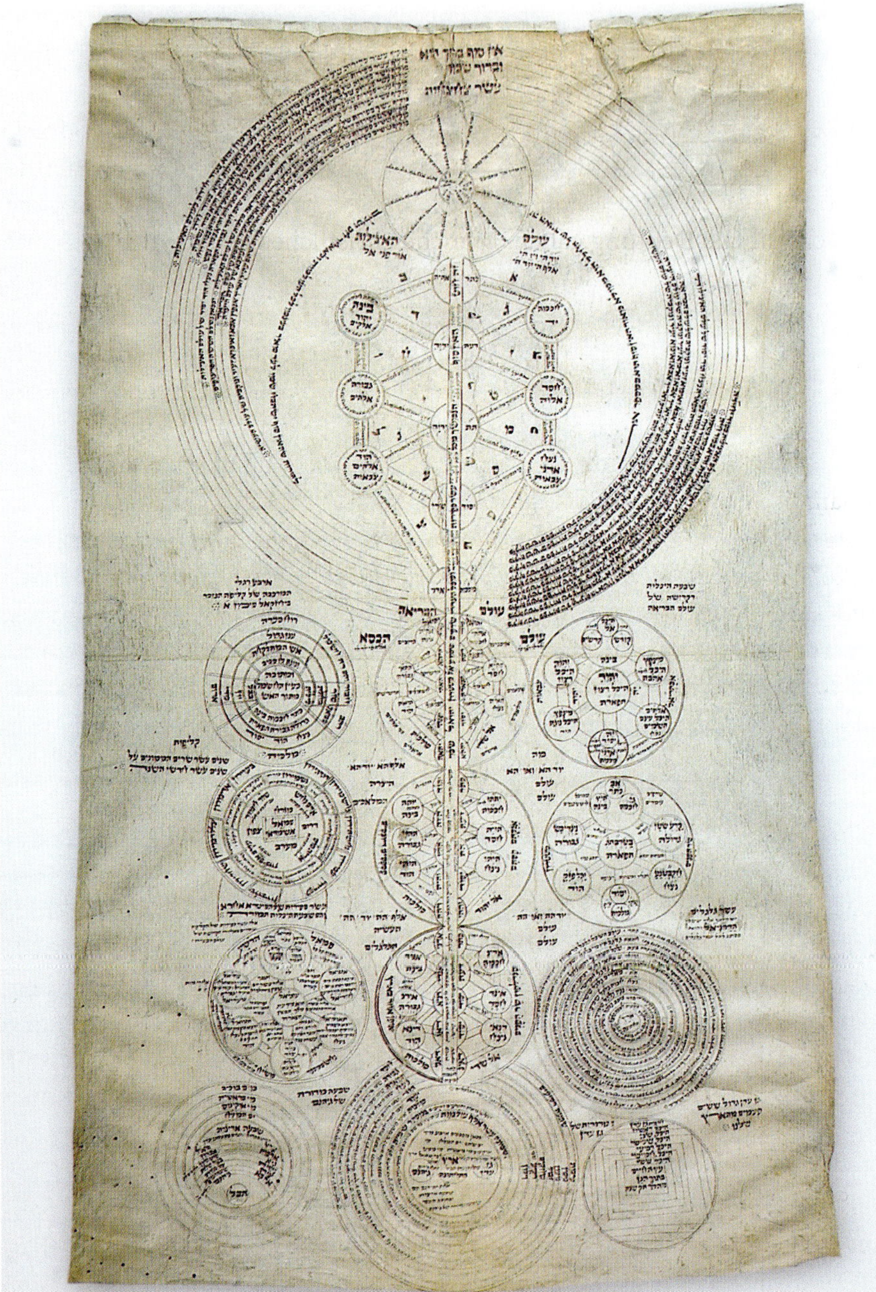

Sefirot-Baum aus einer kabbalistischen Handschrift. Die Sefirot sind nach der mystischen Lehre der Kabbala Artikulationen des unfassbaren Gottes, Stufen seiner inneren Dynamik. Dargestellt werden sie als Baum oder als Mensch.

Bekehrung durch Liebe und Verfolgung durchs Feuer: Humanismus und Reformation

Im Zeitalter des Humanismus lebte das Interesse für die hebräische Sprache und damit auch für die Kultur der Juden auf. Das Studium der Kabbala, der jüdischen Mystik, war nun auch unter Christen stark ausgeprägt, die dieser eine christliche Deutung gaben. Manche christliche Gelehrte wie Pico della Mirandola lernten Hebräisch, um die kabbalistische Lehre zu verstehen und auf ihre Weise zu deuten. Auch der hebräischen Bibel im Originaltext wurde nun wieder mehr Interesse entgegengebracht. Damit war nicht immer eine positivere Einstellung gegenüber den Juden verbunden. So war beispielsweise der große Humanist Erasmus von Rotterdam für seine judenfeindliche Einstellung bekannt. Es gab allerdings auch andere Beispiele, wie etwa Johannes Reuchlin (1455–1522), der zwar auch die Bekehrung der Juden als wünschenswert betrachtete, doch sie immer wieder gegen Denunziationen in Schutz nahm. Als ein getaufter Jude, Johannes Pfefferkorn, gemeinsam mit seinen Ordensbrüdern der Kölner Dominikaner forderte, den Juden ihre Bücher abzunehmen, protestierte Reuchlin vehement und musste sich für die Verteidigung des Talmud und anderer jüdischer Literatur vor Gericht verantworten.

Auch Martin Luther äußerte sich in seiner frühen Schrift »Das Jhesus Christus ein geborner Jude sey« (1523) zunächst positiv über die Juden. Als sie daraufhin jedoch nicht, wie von ihm erwartet, seiner neuen Lehre folgten, änderte sich sein Ton auf radikale Weise. Seine antijüdischen Schriften gipfelten in dem Traktat »Von den Juden und iren Lügen« (1543), in dem er dazu aufrief, ihre Synagogen und Häuser zu verbrennen, ihren Rabbinern das Unterrichten zu verbieten und ihre Bewegungsfreiheit einzuschränken. Man muss diese Ausfälle gewiss im Zusammenhang mit ähnlich rauen

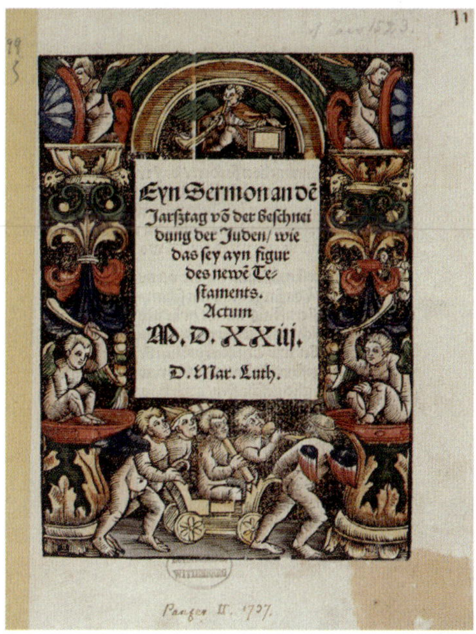
Eyn Sermon an dē
Jarßtag vō der beschnei
dung der Juden/ wie
das sey ayn figur
des newē Te-
staments.
Actum
M.D.XXiij.
D.Mar.Luth.

Titelblatt von Martin Luthers »Ein Sermon an dem Jahrestag von der Beschneidung der Juden ...« von 1523.

Töne gegen den Papst oder die Türken sehen. Ihre Wirkung jedoch verfehlten sie nicht. Protestantisch gesinnte und Luther verbundene Fürsten erließen umgehend strenge Judenordnungen, in Sachsen wurde ihnen gar die Durchreise verboten.

Mit Josel von Rosheim (1480–1554), dem »Befehlshaber und Regierer der gemeinen Jüdischheit im Reich«, erhielten die deutschen Juden einen Fürsprecher (schtadlan), der sich in den verschiedensten Situationen für ihr Wohlergehen einsetzte. Der aus dem Elsass stammende Josel oder Joselmann erwirkte in zahlreichen Audienzen bei Kaiser Karl V. Schutzbriefe für Juden und konnte bevorstehende Vertreibungen (etwa aus dem Elsass) abwehren bzw. Juden das Recht zur Durchreise in Gebieten, aus denen sie vertrieben worden waren, vermitteln. Auf dem Augsburger Reichstag von 1530 diskutierte er gegen den Konvertiten Antonius Margerita, der eine antijüdische Schmähschrift verfasst hatte. Joselmann feierte einen triumphalen Sieg, und Margerita wurde daraufhin aus Augsburg vertrieben. Joselmann äußerte sich auch öffentlich gegen die antijüdischen Schriften Luthers und widerlegte dessen Beschuldigungen. In der Rolle eines reichsweiten obersten jüdischen Vertreters war Josel eine einmalige Figur auf lange Sicht. Kein anderer deutscher Jude in den Jahrhunderten vor oder nach ihm sollte eine derart herausragende politische Repräsentation übernehmen.

Trotz aller weiterhin judenfeindlichen Elemente leiteten Humanismus und Reformation einen langsamen, aber grundlegenden Wandel in der Beziehung zu den Juden ein. An einigen Universitäten entstanden Lehrstühle für hebräische Sprache und Literatur. Das neue Interesse an den hebräischen Quellen und mystischen Texten hatte mitunter ganz direkte Folgen für die Wiederansiedlung von Juden. Als im 17. Jahrhundert manche Territorialherren hebräische Druckereien einrichteten, benötigten sie dazu jüdische Druckerfamilien. Diese wiederum bildeten den Kern einer jüdischen Gemeinde, die sich an den jeweiligen Druckereisitzen niederließ. Wichtiger als diese direkten Folgen war ein indirekter Wandel, der sich in einem neuen Menschheitsbild Ausdruck verschaffte, das anstelle von religiösem Fanatismus das Ideal der Toleranz setzte. Denker wie John Locke, der in seinem »Letter Concerning Toleration« (1689) forderte, dass weder Jude noch Muslim noch Heide wegen seiner Religion aus der politischen Gemeinschaft ausgeschlossen werden dürfte, setzten sich in ihren Schriften auch für die Duldung der Juden ein.

In Italien, wo seit vorchristlicher Zeit jüdische Gemeinden bestanden, brachten das 16. und 17. Jahrhundert widersprüchliche Entwicklungen mit sich. Einerseits entstand hier im Jahre 1516 in Venedig das Ghetto, das ähnlichen Einrichtungen weltweit später seinen Namen geben sollte. Alle Juden Venedigs wurden verpflichtet, sich im ehemaligen Eisengießerviertel (getto) anzusiedeln, wo sie auch zum Tragen gelber Hüte gezwungen wurden. Obwohl die jüdische Bevölkerung im Lauf der Zeit stark anwuchs, blieb man auf das kleine Wohnviertel beschränkt und konnte nur in die Höhe bauen. Die Politik von Papst Paul IV., der als Kardinal bereits mit der öffentlichen Verbrennung des Talmud bekannt geworden war, machte die Einrichtung solcher Ghettos bald zur Vorschrift weit über Venedig hinaus. Gleich nach seiner Wahl zum Papst erließ er 1555 die Bulle »Cum nimis absurdum«, die feststellte, dass es widersinnig sei, denjenigen gegenüber Geduld und Liebe aufzubringen, die von Gott gestraft worden seien. Juden sollten überall in abgetrennten Vierteln leben, die sie nachts und während christlicher Feiertage nicht verlassen durften, sie sollten an gelben Hüten als Juden kenntlich gemacht werden, keinen ehrbaren Berufen nachgehen (nur Hausieren und Handeln mit alten Kleidern sollte ihnen erlaubt sein) und keine christlichen Dienstboten halten.

Trotz dieser verordneten gesellschaftlichen Trennung, die sich grundsätzlich von der oft freiwilligen Ansiedlung in einem jüdischen Viertel während des Mittelalters unterschied, gelang andererseits gerade in Italien keine hermetische Abriegelung der jüdischen Gemeinschaft. Im 16. und 17. Jahrhundert wird von zahlreichen Begegnungen jüdischer und christlicher Gelehrter berichtet, Juden nahmen Anteil am Erblühen der Renaissance und trugen auch zu ihren Errungenschaften bei. Zahlreiche Juden wirkten als Tanzlehrer, andere als Sänger und Musiker. Salomone de Rossis synagogale Kompositionen zu Beginn des 17. Jahrhunderts spiegeln ganz die Musik seiner Zeit wider, war er doch Dirigent des Orchesters des Herzogs von Mantua. In der Geschichtsschreibung entwickelte sich erstmals ein Interesse jüdischer Chronisten für die profane nachbiblische Geschichte. Der Chronist Asaria de Rossi las hebräische Quellen im kritischen Licht seiner Zeit, entdeckte apokryphe Schriften für das Judentum neu und beschrieb als Zeitzeuge das schreckliche Erdbeben von Ferrara im Jahr 1570. Allerdings blieb diese neue und kritische Art der Gelehrsamkeit noch auf einen sehr kleinen Kreis beschränkt, während manche Rabbiner die Lektüre dieser Texte streng verboten. Größer war die Zahl der an der Universität Padua trotz aller Restriktionen und Demütigungen ausgebildeten jüdischen Ärzte. Auch wenn die Bulle »Cum nimis absurdum« jüdischen Ärzten nur mehr das Behandeln jüdischer Patienten erlaubte, sah die Realität häufig anders aus.

So bot das italienische Judentum in der frühen Neuzeit ein Bild des Widerspruchs: Kulturellen Errungenschaften stand in weiten Kreisen der Gemeinde eine konservative Haltung gegenüber; die Einrichtung des Ghettos und die restriktive päpstliche Politik prägten das jüdische Leben ebenso wie die italienische Renaissance und die relative gesellschaftliche Integration an zahlreichen Fürstenhöfen. Hinzu kam, dass einige der aus der iberischen Halbinsel flüchtenden Juden ihre neue Heimat in Italien fanden. Als wichtigste sefardische Gemeinde Italiens entwickelte sich so seit Ende des 16. Jahrhunderts der Freihafen Livorno.

Im 17. Jahrhundert waren erstmals seit der Vertreibung von 1290 wieder Juden auf den britischen Inseln zugelassen. Als Shakespeare den Juden Shylock im »Kaufmann von Venedig« verewigte, gab es in England noch keine jüdische Ansiedlung. Die Wiederzulassung hatte sowohl wirtschaftliche als auch religiöse Gründe. Beide Motive kommen in dem Buch »Esperanca de Israel« (1650) des Amsterdamer Rabbiners und Druckers Menasse ben Israel, zum Ausdruck, dessen lateinische Übersetzung er dem englischen Parlament widmete. Er kam

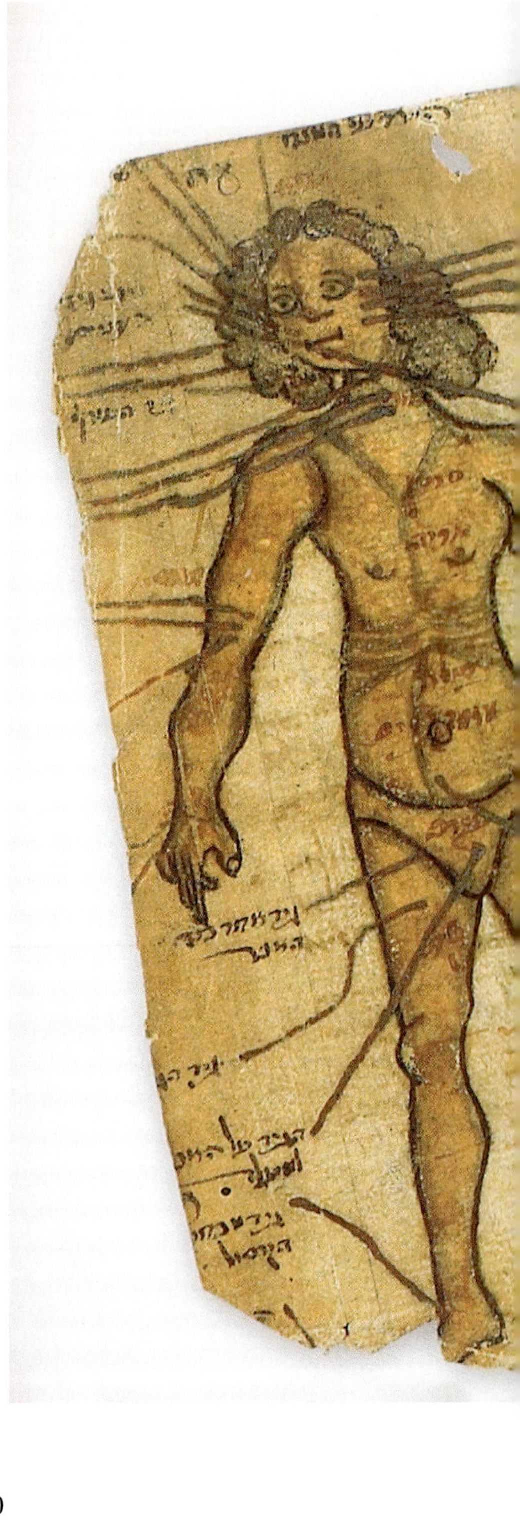

Medizinische Handschrift aus dem 17. Jahrhundert von einem unbekannten jüdischen Arzt aus Frankfurt.

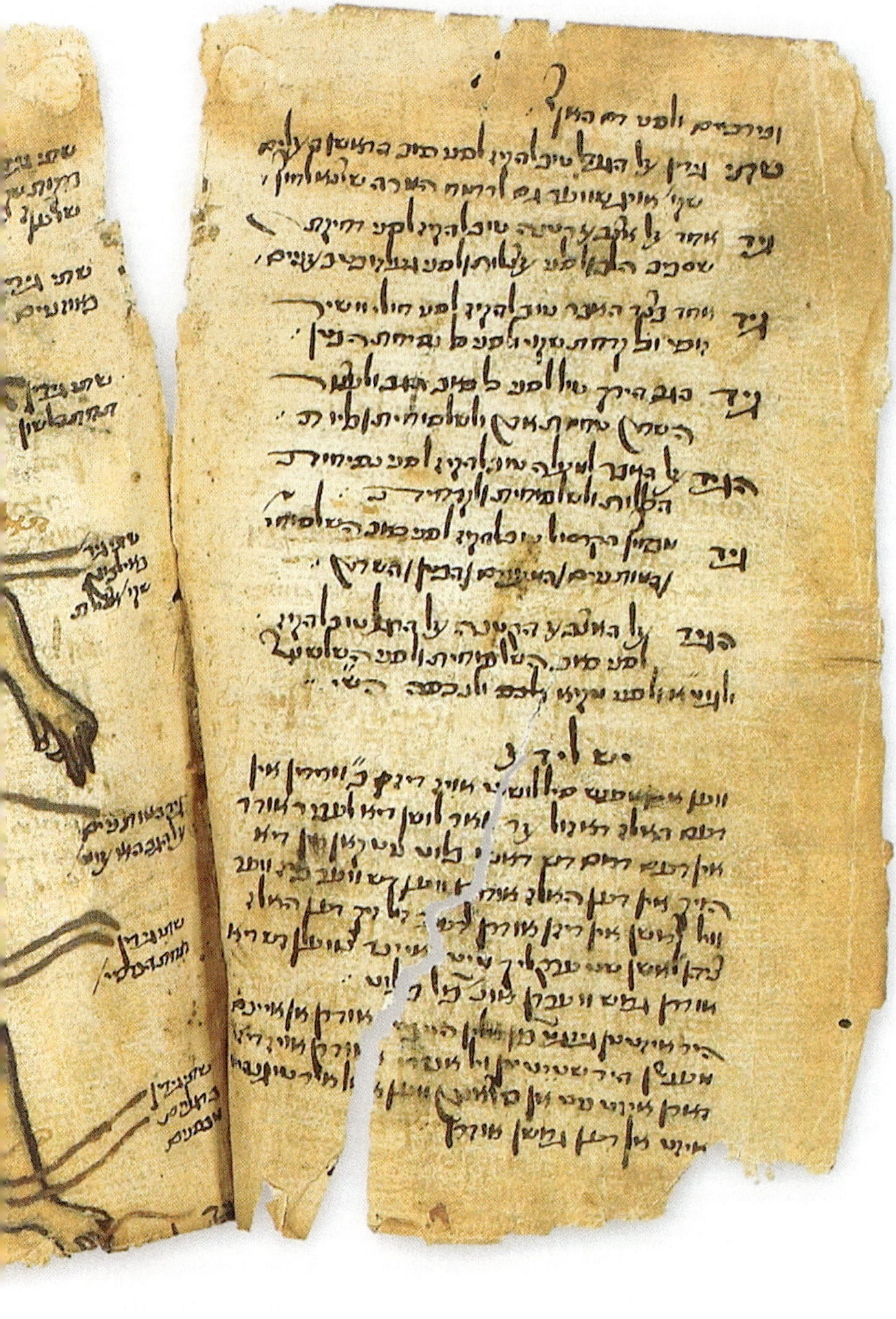

darin dem puritanischen Glauben an das Bevorstehen der Letzten Tage entgegen, indem er behauptete, die Juden müssten vor dem endgültigen Kommen des Messias in alle Winkel der Erde zerstreut sein – in England aber gäbe es keine jüdische Ansiedlung. Als dieses Buch erschien, regierte in London gerade Oliver Cromwell, der die Monarchie gestürzt hatte und dessen Anhänger solcherart messianischer Schwärmerei gerne Glauben schenkten. Dennoch wäre die Wiederzulassung von Juden ohne die Erwartung wirtschaftlicher Vorteile wohl kaum denkbar gewesen. In Menasse ben Israels Denkschrift an Cromwell von 1656, die einer Begegnung der beiden folgte, wurde auf diesen Aspekt verwiesen. Die von Cromwell daraufhin einberufene Konferenz von Whitehall konnte sich zwar nicht zu einer formellen Wiederaufnahme der Juden entschließen, ermöglichte es den in England lebenden Marranen jedoch, sich offen zum Judentum zu bekennen. Sie gründeten daraufhin ihre eigene Synagoge und einen Friedhof. Nachdem die Monarchie wieder restauriert worden war, wuchs diese sefardische Gemeinde langsam an und wurde durch eine aschkenasische ergänzt.

Auch in die ehemals spanischen Niederlande waren eine Reihe von Marranen geflüchtet, die sich hier – zunächst inoffiziell, dann offen – zur Religion ihrer Vorfahren bekennen konnten. Die Familie des Menasse ben Israel gehörte ebenso zu dieser Gruppe wie die des Philosophen Baruch Spinoza. Auch Uriel Acosta, der in Portugal ein hohes Verwaltungsamt bekleidet hatte, begab sich nach Amsterdam, um die jüdische Religion offen praktizieren zu können. An seinem Konflikt mit der jüdischen Gemeinde zeigte sich auf radikale und tragische Art und Weise der Unterschied, der sich zwischen Marranen und der übrigen jüdischen Gemeinde aufgebaut hatte. Acosta war in einer christlichen Umgebung ohne formale jüdische Erziehung und die Möglichkeit, jüdische Quellen zu studieren, groß geworden. Für ihn hatten Talmud und rabbinische Auslegungen keine Bedeutung, sein Judentum war das direkt aus der Bi-

Uriel Acosta und Baruch Spinoza in einer Darstellung aus dem 19. Jahrhundert.

bel abgeleitete. Als er dies offen eingestand, exkommunizierte ihn die jüdische Gemeinde in einer demütigenden Zeremonie. Der Exkommunizierte musste sich auf die Eingangsschwelle zur Synagoge legen und die Eintretenden über seinen Körper schreiten lassen. Während der Bann verlesen wurde, wurden alle Kerzen in der prächtigen portugiesischen Synagoge gelöscht, so als ob das Leben einer Person ausgeblasen würde. Der Umgang mit anderen Juden, privat oder geschäftlich, wurde den Gebannten verboten. Acosta bereute zwar und kehrte in den Schoß der Gemeinde zurück, doch konnte er diesen Kompromiss mit seinem Gewissen nicht vereinbaren und setzte seinem Leben wenig später selbst ein Ende. Sein jüngerer Zeitgenosse Spinoza wurde ebenfalls von der Gemeinde exkommuniziert, doch gelang es ihm als erstem Juden in der Moderne, sich – ohne sich zum Christentum zu bekennen – von der jüdischen Religion zu lösen. Er wollte seine Unabhängigkeit als Denker bewahren und arbeitete lieber als Diamantenschleifer als einen Ruf an die Universität Heidelberg anzunehmen, wo er Philosophie unterrichten sollte. Er fürchtete, dort nicht mehr ungebunden handeln und denken zu können.

Im Osmanischen Reich: Rettungshafen vor der Inquisition

Einige der aus Spanien und Portugal vertriebenen Juden siedelten sich, wie eben gesehen, in Italien, England und Holland an, wieder andere gingen nach Hamburg, manche gelangten bis nach Osteuropa. Die meisten allerdings flüchteten gänzlich aus dem Bereich des Christentums, in dem sie so leidvolle Erfahrungen gemacht hatten, und siedelten sich in dem in religiöser Hinsicht toleranteren Osmanischen Reich an. Dort bestanden bereits bedeutende jüdische Gemeinden, die teils auf byzantinische Ursprünge zurückgingen (die so genannten Romaniot-Gemeinden), teils vorderasiatischer und teils aschkenasischer Herkunft waren. Die sefardischen Juden bildeten allerdings bald die Mehrheit in den meisten Gemeinden. In den großen Städten organisierten sie sich oft nach Art einer Landsmannschaft um Synagogen und Einrichtungen derjenigen aus Katalonien oder Andalusien oder Portugal. Allein in Istanbul sollen im 16. Jahrhundert 44 Synagogen bestanden haben. Istanbul und Saloniki wurden zu den mit Abstand größten jüdischen Gemeinden der frühneuzeitlichen Welt.

Juden waren in nahezu allen Berufen tätig, auch als Handwerker und Fischer. In Saloniki waren sie bis zur Zerstörung durch die Deutschen im 20. Jahrhundert vor allem als Hafenarbeiter bekannt. Sie bildeten dort jahrhundertelang die größte Bevölkerungsschicht, vor Griechen und Türken. Der Hafen von Saloniki stand am Schabbat, dem jüdischen Ruhetag, traditionell still. Andere Juden wurden Gelehrte und Ärzte am Hofe des Sultans. Eine so angesehene und wohlhabende Familie wie diejenige des Joseph Nassi und der Gracia Mendes war gewiss eine Ausnahmeerscheinung, doch jüdische Staatsmänner gab es in der Türkei nicht selten.

Auch in anderen Orten des Osmanischen Reiches, vom Balkan bis nach Kleinasien und Nordafrika, gab es bedeutende jüdische Gemeinden. Aus Smyrna (Izmir) stammte die zweifellos schillerndste jüdische Figur der zweiten Hälfte des 17. Jahrhunderts. Schabtai Zvi ließ sich im Jahre 1665 von seinem »Propheten« Nathan von Gaza zum Messias ausrufen. Seine charismatische Persönlichkeit (sein Biograph Gershom Scholem hält ihn für manisch-depressiv), seine versierten Verkünder und die erwartungsvolle Atmosphäre der Zeit führten ihm aus der gesamten jüdischen Welt Anhänger zu. In den einzigen überlieferten Memoiren einer jüdischen Frau aus dem 17. Jahrhundert berichtet Glickl von Hameln, wie ihr Schwiegervater sein gesamtes Hab und Gut verkaufte und sich darauf einrichtete, in unmittelbarer Zukunft ins Heilige Land geholt zu werden, von wo aus die Erlösung ihren Anfang nehmen sollte. Ähnliche Berichte gibt es aus Nordafrika und Polen, Italien und der Türkei. Alle vorausgehenden Vorgänge, von der Wiederaufnahme der Juden in England bis zu den furchtbaren Massakern des Kosakenaufstands in der Ukraine von 1648, wurden nun als Vorzeichen und Geburtswehen des messianischen Zeitalters betrachtet. Die jüdische Gemeinschaft spaltete sich in »Gläubige«, die dem falschen Messias anhingen, und »Ungläubige«, die ihn ablehnten.

Schabtai Zvi nach einem Kupferstich aus dem 17. Jahrhundert.

Verfolgung; Gemälde aus dem 19. Jahrhundert.

Als der Sultan im Februar 1665 aufgrund der nicht enden wollenden Begeisterung und der Furcht vor Unruhe im Reich Schabtai Zvi verhaften ließ und dieser daraufhin zum Islam konvertierte, sahen die meisten seiner Anhänger ein, dass sie sich in ihm geirrt hatten und wohl noch länger auf die Ankunft des Messias warten mussten. Andere jedoch deuteten die Konversion als notwendigen Schritt im Prozess der Erlösung und hielten insgeheim am Glauben an Schabtai Zvi als Messias fest. Diese wiederum spalteten sich in diejenigen, die offiziell ebenfalls zum Islam konvertierten (sie nannten sich Dönmeh) und solche, die sich nach außen hin als glaubenstreue Juden gaben (unter ihnen befanden sich noch während des 18. Jahrhunderts einige berühmte Gelehrte, wie beispielsweise der Hamburger Rabbiner Jonathan Eybeschuetz).

Die Episode der messianischen Bewegung zeigt, wie sehr die Juden auf ihre Erlösung warteten, wie intensiv sie auch weiterhin mit dem Land Israel als ihr Ziel am Ende der Tage verbunden blieben und wie stark trotz aller kulturellen Unterschiede die Bande zwischen sefardischen und aschkenasischen Gemeinden waren. Noch eines wird aus der messianischen Begeisterung deutlich: die große Bedeutung der Kabbala, der jüdischen Mystik, für breite Kreise der Bevölkerung.

Bereits im Mittelalter waren bedeutende Rabbiner aus Europa nach Palästina ausgewandert. Man denke etwa an Rabbiner Jechiel von Paris, der Frankreich nach einer Religionsdisputation, die mit dem Verbrennen aller Talmudexemplare endete, verlassen hatte oder an Moses ben Nachman (Nachmanides oder Ramban), der ebenfalls nach einem Religionsgespräch in Barcelona geflüchtet war und sich nach kurzem Aufenthalt in Jerusalem, wie Jechiel, in Akko niederließ. Nach der Eroberung Palästinas durch die Osmanen im Jahr 1517 setzte aber eine größere Einwanderungsbewegung ein. Ein neues Zentrum der Kabbalisten wurde im 16. Jahrhundert das Land Israel, und hier insbesondere die kleine Stadt Zefat (Safed) in Galiläa. Die wichtigsten Kabbalisten des 16. Jahrhunderts, Moses Cordovero (1522–1570) und insbesondere Isaak Luria (1534–1572), wirkten hier. Letzterer wurde in Jerusalem als Sohn einer aus Deutschland ausgewanderten Familie geboren und gilt als Begründer eines neuen mystischen Gedankensystems, der Lurianischen Kabbala. Seine Lehre kreiste um den Messianismus und gab das gedankliche Gerüst für die Bewegung des soeben vorgestellten Schabtai Zvi im darauf folgenden Jahrhundert.

In Safed wirkte auch der bedeutendste Kodifizierer jüdischer Lehre, Rabbiner Josef Karo. Sein Werk »Schulchan Aruch« (»Der gedeckte Tisch«) gilt bis heute als die Grundlage für jeden jüdischen Religionskodex, nach dem sich die jüdische Religionspraxis in allen Teilen der Welt richtet. Ergänzt wurde dieses Kompendium durch die aschkenasische Version des Krakauer Rabbiners Moses Isserles, der er den treffenden Namen »Das Tischtuch« verlieh. Wirtschaftlich hielten sich die nun wieder wachsenden jüdischen Gemeinden im Heiligen Land vor allem durch Spenden ihrer Glaubensbrüder aus der Diaspora über Wasser. Emissäre (Schlichim) aus Palästina besuchten jüdische Gemeinden in der ganzen Welt, denen es als wohltätiger Akt galt, die unter wirtschaftlich schweren Verhältnissen lebenden Juden in Israel finanziell zu unterstützen.

Fast in allen Teilen der damals in Europa bekannten Welt entwickelten sich im Mittelalter jüdische Gemeinden. In China ging es ihnen offenbar so gut, dass sie sich vollständig an die Mehrheitsbevölkerung assimilierten. In Indien gab es, vor allem im Süden, mehrere Gemeinden, von denen manche ihren Ursprung auf die biblische Zeit zurückführten, andere aber erst im 18. Jahrhundert aus dem Irak eingewandert sind. Die äthiopischen Juden führen ihre Ursprünge auf die Zeit der Bibel zurück, manche behaupten, sie stammten von den zehn verlorenen Stämmen des biblischen Nordreichs Israel ab.

Po-lin: Die Wanderung nach Osten

»Und es gibt welche, die glauben, daß auch der Name des Landes einer heiligen Quelle entspringt: der Sprache Israels. Denn so sprach Israel, als es dahinkam: po-lin, das heißt: hier nächtige! Und meinte: hier wollen wir nächtigen, bis Gott die Verstreuten Israels abermals sammeln läßt.«

(Aus: S. J. Agnon, Polen, in: Das Buch der polnischen Juden. Berlin: Jüdischer Verlag 1916, S. 4–5)

Diese schöne Legende hatte ihren Ursprung in der großzügigen Aufnahme jüdischer Flüchtlinge aus West- und Mitteleuropa während des späten Mittelalters und der frühen Neuzeit. In dem Maße, in dem immer mehr Territorien von den deutschen Städten bis zu Spanien und Portugal ihre jüdische Bevölkerung vertrieben, bemühten sich die polnischen Könige, Juden in ihrem Land anzusiedeln. Nach dem Rückgang der christlichen Ostkolonisation sollten Juden in dem spärlich besiedelten Land Städte und Handel aufbauen helfen. Seitdem König Boleslaw V. von Großpolen im Statut von Kalisch (1264) die Ansiedlung von Juden begünstigt und Kasimir der Große in zwei Urkunden der Jahre 1334 und 1364 umfassende Privilegien für die Juden Klein- und Großpolens erlassen hatte, versiegte der Strom der Einwanderer nicht mehr. Dies traf ebenso auf das erst 1385 christianisierte Königreich Litauen zu, in dem zunächst nur geringer Widerstand kirchlicher Kreise zu erwarten war. Die Bedingungen jüdischen Lebens in Polen und Litauen waren gegenüber denen in den verbliebenen westeuropäischen Gemeinden deutlich besser. Vor Gericht wurden ihnen durchaus faire Rechtsmittel eingeräumt, Synagogen und Friedhöfe wurden vor Beschädigung geschützt, die innerjüdische Autonomie weitestgehend beachtet. Die Verbreitung der Ritualmordlüge war unter Strafe gestellt.

Diese tolerante Behandlung der Juden stieß von Anfang an auf den energischen Widerstand der katholischen Kirche. Schon auf der Breslauer Synode von 1267 forderte die Kirche die räumliche Abtrennung der Juden von der christlichen Bevölkerung, das Tragen des gehörnten Hutes und das Verbot, Badestuben und Wirtshäuser der Christen zu benutzen sowie öffentliche Ämter zu bekleiden. Ab der Mitte des 15. Jahrhunderts sollten diese und weitere ähnliche Verordnungen mit der erstarkenden Stellung der Kirche dann ihre praktische Wirkung zeigen, als mit einem beginnenden polnischen Bürgertum auch eine wirtschaftliche Konkurrenzmacht für die Juden hinzutrat. Hinzu kam eine zunehmend judenfeindliche Haltung des Adels, der häufig bei den Juden verschuldet war. Wie im Mittelalter zeigte sich auch hier die

Schematische Darstellung der hebräischen Grammatik aus dem 17. Jahrhundert. Die Rolle wurde dem Kurfürsten Friedrich Wilhelm von Tobias Moschides und Felix Moschides geschenkt, wie die Widmung am oberen Rand ausweist. Beide Brüder erhielten durch direkte Intervention des Kurfürsten die Möglichkeit, an der Universität Frankfurt/Oder Medizin zu studieren, konnten ihre Studien aber erst in Padua abschließen. Tobias Moschides war später Leibarzt am Sultanshof in Konstantinopel und verfasste die Schrift »Maase Tobia«, eine berühmte medizinische Abhandlung.

»vertikale Allianz« zwischen Juden und der höchsten Staatsmacht, dem König, als zerbrechlich und unzuverlässig. Gerade der polnische König nämlich musste im 15. Jahrhundert eine erhebliche Machteinbuße im Verhältnis zu den Ständen erleben. Mit einer gewissen Verzögerung setzte nun auch in Polen die langsame Verdrängung der Juden aus Handel und Gewerbe ein sowie ihre Vertreibung aus den größeren Städten. 1483 wurden sie aus Warschau ausgewiesen, 1492 mussten die Juden nach gewalttätigen antijüdischen Ausschreitungen Krakau verlassen und sich in der Vorstadt Kasimierz ansiedeln.

Dennoch kam es während des 16. Jahrhunderts zu einer Stabilisierung des jüdischen Lebens. Trotz neuerlicher antijüdischer Beschlüsse christlicher Synoden (1542 Petrikau) und trotz mancher Ritualmord- und Hostienfrevellegenden gelang es dem wieder erstarkten Königshaus, die Position der Juden zu sichern. Insbesondere die Lubliner Union von 1569, die Teile Litauens und Preußens in den polnischen Staatsverband aufnahm, sollte sich auch auf das innerjüdische Leben positiv auswirken. Der Waad, ein Verbund autonomer jüdischer Gemeinden Polens (die »vier Länder« Großpolen, Kleinpolen, Wolhynien und Podolien) und Litauens garantierte bis zum 18. Jahrhundert die Regelung überlokaler innerer Streitfälle sowie ein gemeinsames Auftreten gegenüber Behörden und anderen offiziellen Stellen. Sowohl die weltlichen Gemeindevorsteher wie auch die religiösen Autoritäten trafen sich, meist zwei Mal jährlich, auf den großen Messen in Lublin und Jaroslaw. Eine vergleichbare landesweite Vertretung gab es in keiner anderen europäischen Diasporagemeinde. In der Mitte des 17. Jahrhunderts machten die Juden in Polen und Litauen etwa 7 % der Gesamtbevölkerung aus, während sie in ganz Europa wohl kaum mehr als 1 % der Bevölkerung bildeten. Die etwa 350.000 im Großreich Polen-Litauen lebenden Juden bildeten damit die mit Abstand größte jüdische Gemeinschaft Europas.

Als im Jahr 1648 der ukrainische Kosakenanführer Bogdan Chmielnicki einen Aufstand gegen die polnische Magnatenherrschaft auslöste, sollte dies unabsehbare Folgen für die Juden Osteuropas nach sich ziehen. Der Aufstand hatte mehrere Komponenten: auf nationaler Ebene bedeutete er die Erhebung gegen das polnische Großreich, auf sozialer den Kampf der Bauern gegen die Großgrundbesitzer und auf religiöser den Widerstand der griechisch-orthodoxen Kirche gegen die Dominanz der römisch-katholischen. Die Juden waren nicht nur aufgrund ihrer religiösen und nationalen Außenseiterposition als Zielscheibe in diesen Kampf miteinbezogen, sondern auch als Sündenböcke für die wirtschaftlichen Probleme der Zeit. In der Regel hatten die in den Städten lebenden Adligen ihren Besitz in den östlichen Landesteilen an Juden verpachtet, die für sie ihre Ländereien verwalteten. Die ukrainischen Bauern kannten daher zumeist gar nicht die eigentlichen Landbesitzer, sondern hatten es nur mit ihren jüdischen Mittelsmännern zu tun, gegen die sich ihr ganzer Hass richtete. Obwohl sich der Aufstand von 1648 auch gegen die polnischen Katholiken richtete, waren die Juden oftmals die am meisten Leidtragenden. Hunderte jüdischer Gemeinden wurden dem Erdboden gleichgemacht, Zehntausende Juden umgebracht oder als Sklaven verkauft.

In dieser Zeit setzte eine erneute Westwanderung von Juden ein, die nun aus Polen in die deutschen Territorien, nach Amsterdam oder ins Osmanische Reich flüchteten, so wie ihre Vorfahren Jahrhunderte früher oftmals aus dem Westen eingewandert waren. Dass sich das polnische Judentum dennoch erholen sollte, ist vor allem seiner inneren Stärke zu verdanken, die sich auf der einen Seite in der Talmudgelehrsamkeit, auf der anderen im mystischen Denken, das im 18. Jahrhundert in den Chassidismus münden sollte, ausdrückte.

Zweierlei Revolution: Chassidismus und Aufklärung

Das 18. Jahrhundert steht in der europäisch-jüdischen Geschichte unter den Vorzeichen zweier Erneuerungsbewegungen sehr unterschiedlichen Charakters. Im Osten Europas griff der Chassidismus die unter dem Einfluss der Katastrophen des 17. Jahrhunderts – der blutigen Kosakenaufstände von 1648 sowie der fehlgeschlagenen messianischen Bewegung des Schabtai Zwi – entstandene mystische Stimmung auf. Weiter westlich entwickelte sich mit der Haskala ein jüdischer Ableger der allgemeinen Aufklärung. So unterschiedlich beide Bewegungen waren, so standen sie doch im größeren Zusammenhang mit der sich seit Mitte des 17. Jahrhunderts bemerkbar machenden Auflösung der traditionellen jüdischen Gesellschaft. Auch diese war keineswegs monolithisch gewesen, hatte sich in mystische und rationale Geistesrichtungen, aschkenasische und sefardische Riten sowie soziale Differenzierungen aufgesplittert.

Was nun hinzukam, war eine sich deutlich verändernde Umwelt, in der Toleranzgedanken auch gegenüber Juden Kraft gewannen und jüdische Glaubenszweifler sich vom Druck der Gemeinde lösen konnten. Wir haben dies im Holland, England und Italien des 17. Jahrhunderts sehen können.

Ein sefardischer Rabbiner, ein chassidischer Rabbiner und zwei chassidische Juden feiern das Purimfest; jüdische Volkskunst aus dem 19. Jahrhundert.

In Polen und Deutschland standen die Zeichen der Zeit anders. Hier waren die jüdischen Gemeinden stärker in der Tradition verhaftet, weniger vom Einfluss der Marranen erschüttert und die Toleranzgedanken bis Mitte des 18. Jahrhunderts kaum auf die Juden bezogen worden. Dennoch war die Erosion des stabilen Gemeindelebens auch hier nicht mehr aufzuhalten.

Mit dem Auftreten der charismatischen Figur des als Baal Schem Tov (wörtlich: Meister des guten Namens) bekannten Elieser ben Israel (1700–1760) in den Wäldern Podoliens entstand der bisherigen auf das Talmudstudium konzentrierten jüdischen Tradition eine enorme Herausforderung, die vor allem die ärmeren Massen in den ukrainischen Landesteilen aufgriffen. Man könne Gott durch Gebet und Hingabe sowie durch Akte des täglichen Lebens ebenso dienen wie durch rigoroses Studium. Gerade für die Bevölkerung, die wie der Wunderheiler Baal Schem Tov selbst aus niedrigen Kreisen stammte und im häufig vom alltäglichen Leben weit entfernten Talmudstudium keine Erfüllung fand, war es nun möglich, durch mystische Hingabe im Gebet, durch Gesang und Tanz oder durch enge Naturverbundenheit den Kontakt mit der göttlichen Sphäre herzustellen. Nach dem Tod des Baal Schem Tov spaltete sich die chassidische Bewegung in zahlreiche kleinere Gruppierungen auf, die jeweils ihrem spirituellen Führer, dem Rebbe oder Zaddik, folgten.

In traditionellen jüdischen Kreisen löste die chassidische Bewegung oftmals heftigen Widerstand aus. Zunächst einmal praktizierten sie offensichtlich seltsam anmutende ekstatische Bewegungen beim Gebet, zogen den mit kabbalistischen Elementen angereicherten sefardischen Ritus vor und studierten den Sohar (ein im mittelalterlichen Spanien geschriebener mystischer Text) mit gleicher Inbrunst wie den Talmud; weiterhin lehnten sie die Schlachtmesser der meisten jüdischen Schlächter als unkoscher ab und führten ihre eigenen Messer ein; schließlich wandten sie sich von der Autorität der Rabbiner ab und ihrem eigenen »Rebben« zu. Ein Hauptgrund des Streites zwischen Chassidim und ihren Gegnern (genau so wurden diese genannt: »Mitnagdim«) war also die Frage nach Autoritäten. Mit der Einführung neuer Riten konnte man nicht mehr gemeinsam beten; mit der Einführung neuer Schächtmesser nicht mehr gemeinsam essen; und mit dem Auftreten neuer charismatischer Rebbes galt der Spruch des Rabbiners nichts mehr. So ist es wenig verwunderlich, dass die »alten« Autoritäten alle Geschütze gegen die neue Bewegung in Stellung brachten. In vorderster Front stand die größte rabbinische Autorität seiner Zeit, Rabbi Elia ben Schlomo, der »Gaon von Wilna«. Er exkommunizierte die chassidischen Rebbes und wurde daraufhin wiederum von diesen exkommuniziert. Ein heftiger Kampf um die Vorherrschaft in den jüdischen Gemeinden riss diese oftmals auseinander. Insgesamt war das Ergebnis eine geographische Aufteilung: Die Chassidim behielten in den ärmeren und weniger durch Gelehrsamkeit geprägten Gegenden des Ostens (Podolien, Wolhynien) und Südens (Galizien, Ungarn) die Oberhand, die Mitnagdim dagegen in den Hochburgen der Gelehrsamkeit, wie etwa in Wilna, und in den restlichen nördlichen Gegenden in Litauen und Weißrussland. In der Mitte herrschte oft ein heftiger Konkurrenzkampf zwischen beiden Richtungen.

Die Lehre des Chassidismus griff auf viele Elemente der lurianischen Kabbala zurück und war gewiss auch von der sabbatianischen Lehre – freilich ohne den Bezug auf die Person Schabtai Zwis – beeinflusst. Wichtiger für seinen Erfolg war aber die praktische Lebensweise des Chassidismus, der nicht zuletzt mit Lebensfreude und der Heraushebung des Alltagslebens dem trockenen und elitären Talmudstudium eine Alternative für die weniger gebildeten Massen entgegensetzte. Die in der Anfangsphase als unüberbrückbar erscheinende Kluft zwischen Chassidim und Mitnagdim sollte sich im Laufe des 19. Jahrhunderts erheblich verringern. Hierzu trugen sowohl die Bemühungen der Mitnagdim, das Talmudstudium zu reformieren wie auch das Entsagen der Chassidim von manchen seltsam anmutenden Praktiken bei. Vor allem aber war die Annäherung der gegnerischen Lager durch das Auftauchen eines gemeinsamen Feindes gewährleistet: Die Haskala, die jüdische Aufklärungsbewegung, wurde von beiden als gefährliche Herausforderung jüdischer Religiosität erachtet, der sich sowohl Chassidim wie auch Mitnagdim verpflichtet fühlten. Die Haskala aber war ein Kind des Westens, entstanden unter völlig anderen Bedingungen und in einem anderen geographischen Zusammenhang.

Synagoge des Baal Schem Tov in Miedzyboz, Ukraine.

In Westeuropa war die jüdische Gemeinschaft des 18. Jahrhunderts nicht so sehr durch religiöse wie durch soziale Konflikte gekennzeichnet. Auf der einen Seite standen die wenigen Hofjuden, die einen vorher kaum für möglich erachteten sozialen Aufstieg erlebt hatten und oft enge Vertraute der jeweiligen Herrscher wurden, auf der anderen Seite die Betteljuden, die von Ort zu Ort zogen und auf das Wohlwollen ihrer Glaubensgenossen angewiesen waren. Dazwischen befand sich das Gros der jüdischen Gesellschaft, das nach der Vertreibung aus den Städten und der Reduzierung der Berufsmöglichkeiten auf zumeist kleinere und kleinste Pfandleihgeschäfte beschränkt war.

Als im Gefolge des Dreißigjährigen Krieges die kaiserliche Autorität zugunsten zahlreicher kleiner Fürstenhöfe abnahm, mussten diese erfahrene Münzunternehmer und Heereslieferanten sowie Pächter von Wirtschaftsbetrieben mit Staatsmonopol suchen, die sich um den wirtschaftlichen Aufschwung und die Zentralisierung ihrer Territorien kümmerten. Diese sollten im Zeitalter des Absolutismus und Merkantilismus zudem ein neutraler Faktor im Kampf zwischen den Ständen sein, eine Gruppe, die keine Möglichkeit hatte, zu eigentlicher Macht zu gelangen. Die Juden waren in dieser Situation die idealen Partner der Herrscher: sie standen außerhalb der ständischen Ordnung, konnten selbst keine Gefahr für das Herrscherhaus bilden und brachten genügend Erfahrung in Finanz- und Handelsangelegenheiten mit. Selbstverständlich war es nur eine kleine Minderheit wohlhabender Juden, die auf diese Weise zu Hoffaktoren wurden, aber im 17. und 18. Jahrhundert handelte es sich um ein Phänomen in zahlreichen Fürstentümern. Oftmals waren sie es, die nach den Vertreibungen wieder den Nukleus einer jüdischen Gemeinde bildeten, die durch ihre Familienangehörigen, Bediensteten und die zum jüdischen Lebenswandel notwendigen Berufe, wie Rabbiner, Lehrer und koscherer Metzger ergänzt wurde.

So spielten in Wien nach der letzten großen Vertreibung einer jüdischen Gemeinschaft im Jahr 1670 Samuel Oppenheimer (1630–1703) und Samson Wertheimer (1658–1734) weiterhin eine wichtige Rolle und sorgten dafür, dass sich dort wieder eine kleine jüdische Gemeinde bildete. Der bekannteste Hofjude war ein Mitglied der Oppenheimer'schen Familie, der schon oben erwähnte Joseph Süß Oppenheimer (1698–1738). Er wurde vom württembergischen Herzog Karl Alexander 1732 zum Hoffaktor ernannt und stieg innerhalb kurzer Zeit zum wichtigsten Minister seines Landes auf. Nach dem Tod Karl Alexanders entlud sich der Volkszorn gegen den Herzog an seinem Hofjuden, der wegen Unterschlagung und anderer Vergehen verhaftet und zum Tode verurteilt wurde. Sein spektakuläres Ende war ebenso untypisch für die Rolle der Hofjuden wie sein rasanter Aufstieg, doch macht es die unsichere Situation seiner Glaubensgenossen selbst in höchsten Positionen deutlich.

Samuel Oppenheimer (1635–1703), Finanzier der Feldzüge Prinz Eugens. Von Leopold I. erhielt er den Titel »Römisch-Kaiserlicher Majestät Über Kriegs Facktor und Hof Jude«.

In der Regel gelang es den Hofjuden, über mehrere Generationen hinweg für ihr Fürstenhaus tätig zu sein und dabei nicht selten auch als Fürsprecher ihrer Glaubensgenossen zu wirken. Nur in wenigen Fällen hatten sie sich durch ihren Lebenswandel und der vom Ghetto entfernten Wohnlage soweit von der jüdischen Gemeinde entfremdet, dass sie mit dieser kaum noch Berührungspunkte hatten. Zumeist standen sie in enger Beziehung zu den Gemeinden und trugen zu deren Konsolidierung bei. Doch trennten sie umfangreiche Privilegien auch von den einfachen Gemeindemitgliedern. Häufig unterstanden sie nicht der rabbinischen Gerichtsbarkeit, sondern dem fürstlichen Hofgericht, hatten jederzeit Zutritt zum Landesherrn (Immediatverkehr) und mussten nicht den diskriminierenden Leibzoll entrichten, der außer für ihre Glaubensbrüder bei den zahlreichen Grenzüberquerungen sonst nur für Vieh zu bezahlen war.

Wie in Wien gelang es ihnen aber oftmals nicht, Vertreibungen oder neue Diskriminierungen zu verhindern. Die aus Wien Vertriebenen ließen sich in anderen Teilen Mitteleuropas nieder. Ein kleiner Teil von ihnen erhielt die Erlaubnis, in Berlin, wo nach der Vertreibung aus Brandenburg 1573 keine Gemeinde mehr bestand, zu siedeln. Nur die Wohlhabenden erhielten vom Großen Kurfürsten die Erlaubnis, sich niederzulassen, und auch seine Nachfolger sollten bei der Niederlassung von Juden genau darauf achten, ob ihnen wirtschaftliche Vorteile erwuchsen.

Die meisten Juden der deutschen Staaten lebten im 18. Jahrhundert noch auf dem Land und waren dort in so genannten Landjudenschaften organisiert, die alle Familienoberhäupter eines Territoriums umfassten. Sie bestimmten vor allem über die Verteilung der oft drückenden Steuerabgaben, benannten ihren Landrabbiner und Vorsteher, dem die Repräsentanz nach außen oblag. Nur wenige Städte hatten an der Wende zum 18. Jahrhundert größere Gemeinden aufzuweisen, darunter die seit dem Mittelalter kontinuierlich bestehenden Gemeinden in Frankfurt am Main und Worms sowie die schnell wachsenden Gemeinden neueren Ursprungs wie Hamburg, Mannheim, Hanau oder Fürth. Berlin reihte sich nun in diese kleine Zahl wachsender Stadtgemeinden ein.

Die Rechtslage in Brandenburg unterschied auch in der zweiten Hälfte des 18. Jahrhunderts noch zwischen verschiedenen Gruppen mehr oder minder privilegierter Juden. Das Revidierte Generalprivilegium und Reglement, das Friedrich II. 1750 erließ, schied zwischen sechs Klassen: Die »Generalprivilegierten« durften Häuser und Grundstücke und in Ausnahmefällen sogar das Bürgerrecht erwerben; vor allem aber durften sie sich in dem für Juden zugelassenen Wohnbereich ohne Beschränkung niederlassen. Die zweite Gruppe der »Ordentlichen Schutzjuden« besaß dagegen nicht das Recht der freien Niederlassung und durfte seinen Status nur auf ein Kind vererben. Die »Außerordentlichen Schutzjuden« wiederum wurden aufgrund »nützlicher Berufe« wie Ärzte, Optiker oder Kupferstecher aufgenommen und durften nur dann ein Kind »ansetzen«, wenn es mindestens 1000 Taler besaß. In der vierten Klasse waren die Gemeindebeamten einschließlich der Rabbiner versammelt. Darunter befanden sich die »Tolerierten Juden«, die für ihren Aufenthalt den Schutz eines Patrons benötigten. Heiraten durften sie nur ein Mitglied der obersten Klassen. In der sechsten Gruppe schließlich waren die Hausangestellten und Dienstboten der »Generalprivilegierten« zusammengefasst, die nur solange bleiben durften, bis ihr Arbeitsverhältnis aufgelöst wurde. Zudem beabsichtigte die Verordnung, die Vermehrung der jüdischen Bevölkerung zu verhindern, die Bedingungen für die Zahlung des Schutzgelds festzulegen und den Eingang zur Stadt Berlin auf zwei Tore zu beschränken, um die Zahl der Juden besser kontrollieren zu können.

Was in Brandenburg galt, traf so oder ähnlich für die meisten anderen Territorien zu: Die Zahl der Juden sollte möglichst gering gehalten, ihr wirtschaftlicher Nutzen dagegen optimiert werden. Auch wenn das Wort Friedrichs, jeder solle nach seiner Fasson selig werden, überliefert ist, blieben unter seiner Herrschaft die symbolischen Diskriminierungen doch bestehen: Juden mussten weiterhin Leibzoll zahlen, und seit 1769 mussten sie bei bestimmten Anlässen minderwertiges Porzellan aus der Königlichen Porzellanmanufaktur kaufen.

Die diskriminierenden Gesetze machten auch vor Moses Mendelssohn, dem bedeutendsten jüdischen Aufklärer im 18. Jahrhundert, nicht halt. Im Alter von 14 Jahren folgte er 1743 seinem Lehrer, dem Rabbiner David Fränkel, von seiner Geburtsstadt Dessau nach Berlin, um dort sein Talmudstudium fortzusetzen. Wie alle seine Glaubensgenossen, musste er an den Grenzen den erniedrigenden Leibzoll entrichten und sich den anderen diskriminierenden Gesetzen beugen. In Berlin durfte Mendelssohn nur bleiben, da er von dem wohlhabenden Fabrikanten Isaak Bernhard als Hauslehrer angestellt wurde. Zwanzig Jahre nach seiner Ankunft gewährte Friedrich II. dem bereits berühmten Mann den Status als »außerordentlicher Schutzjude« – das Recht auf die Ansiedlung seiner Nachkommen war darin nicht enthalten.

Moses Mendelssohn, Portrait von 1771.

Mendelssohn studierte nicht nur den Talmud, sondern – heimlich – Sprachen, Philosophie und Literatur. Bald begann er selbst, philosophische Abhandlungen zu schreiben, seine bekannteste war das 1767 erschienene Werk »Phädon«. In Gelehrtenkreisen erreichte er eine größere Anerkennung als jemals zuvor einem Juden in Deutschland widerfahren war. Er wurde als Gleichberechtigter in philosophischen Zirkeln anerkannt, konnte in akademischen Wettbewerben glänzen und diente Lessing als Vorbild für seinen »Nathan der Weise« – dennoch weigerte sich Friedrich II., ihn, wie vorgeschlagen, als Mitglied der Preußischen Akademie zu ernennen.

Um Mendelssohn herum bildete sich bald ein Kreis gleich gesinnter jüdischer Aufklärer, die zumeist aus Polen und anderen Gebieten Osteuropas nach Berlin gekommen waren. Sie standen Mendelssohn bei seinen vielseitigen Arbeiten zur Seite, so etwa bei der Herausgabe der ersten modernen hebräischen Zeitschrift »*Kohelet Mussar*« (»Der Sittenprediger«) oder bei seiner kommentierten Bibelübersetzung, der ersten Übertragung des Pentateuch ins Hochdeutsche durch einen Juden. Mendelssohn wurde zwar für seine Bibelübersetzung von manchem Traditionalisten angegriffen, da er die Heilige Schrift profanisiere und sie zu einem Mittel des Erlernens der deutschen Sprache mache, dennoch blieb er zeitlebens ein gemäß den jüdischen Religionsvorschriften lebender Jude und der angesehenste Vertreter seiner Gemeinde, die er in manchen Denkschriften nach außen vertrat.

Der lange Weg der Emanzipation

Mit Mendelssohn und seinen Wegbegleitern mit dem Ziel der jüdischen Aufklärung, die unter dem oben schon erwähnten hebräischen Begriff *Haskala* bekannt ist, ergab sich in den Worten des Historikers Jacob Katz erstmals eine »neutrale Gesellschaftssphäre«, in der es keine entscheidende Rolle spielte, welcher Religion man sich zugehörig fühlte. Der Glaube an einen gemeinsamen Gott rückte hier in den Mittelpunkt. Die Realität freilich ordnete den Juden noch immer einen Platz am untersten Rande der Gesellschaft zu. Aufgeklärte Beamte, wie der preußische Staatsrat Christian Wilhelm von Dohm, sahen die elende Situation der Juden nicht in ihrer Religion oder ihnen angeborenen Eigenschaften begründet, sondern als Resultat einer jahrhundertelangen Ausgrenzung und Verfolgung. Dohm verfasste in den Jahren 1781/82 auf Anregung seines Freundes Mendelssohn eine Schrift mit dem Titel »Über die bürgerliche Verbesserung der Juden«. In dieser, wie in zahlreichen ähnlichen Schriften jener Zeit, ging es darum, wie man aus den Juden »bessere und nützlichere Bürger« machen könne.

Dies war auch Ziel der Edikte, die vom aufgeklärten österreichischen Kaiser Joseph II. seit Beginn der 1780er-Jahre unter dem Namen »Toleranzpatente« erlassen wurden. Sie machten die Juden noch lange nicht zu gleichberechtigten Bürgern, sollten sie jedoch auf den Weg zur Emanzipation schicken, indem sie die demütigendsten Gesetze wie den Leibzoll aufhoben, Juden eine moderne Erziehung ermöglichten, ihre Autonomie aber gleichzeitig einschränkten, da sie als Glieder des nichtjüdischen Gemeinwesens ihre inneren Belange nun nicht mehr selbst regeln durften. In Preußen und anderen deutschen Staaten sollten zu Beginn der zweiten Dekade des 19. Jahrhunderts ähnliche Edikte folgen, die den Juden langsam bestimmte Rechte gewähren und sie zu loyalen Bürgern erziehen wollten. War die Politik in den deutschen Staaten davon gekennzeichnet, dass am Ende eines langen und mühevollen Prozesses als Belohnung für die erfolgte Transformation des Judentums und Erweisung der staatsbürgerlichen Pflichten die Gewährung der Emanzipation stand, so war der Weg in Frankreich ein umgekehrter. Hier wurden die Juden sozusagen über Nacht (1790/91) zu Staatsbürgern und mussten danach zeigen, dass sie sich ihrer neuen Rolle als würdig erwiesen. Diese unterschiedlichen Wege hatten wenig mit den Juden selbst zu tun und sehr viel mit den jeweiligen politischen Modellen, die in den verschiedenen Staaten umgesetzt wurden: hier die langsame Erziehung zum Staatsbürger in einem aufgeklärt absolutistischen Regime, dort der sofortige Wandel als Folge einer Revolution. Auch Napoleon prüfte nach, ob die französischen Juden es verdient hatten, französische Bürger zu werden und befragte zu diesem Zweck jüdische Würdenträger in dem von ihm einberufenen »Sanhedrin« nach ihrer Haltung zu Frankreich; auch versuchte er in einem »decret infame« genannten Gesetz von 1808 ihre Berufswahl einzuschränken. Doch die Errungenschaften der Revolution ließen sich nicht mehr zurückschrauben, es sei denn, man hätte die Juden aus Frankreich verbannt. Zu Bürgern zweiter Klasse, die sie in den deutschen Staaten zumeist bis 1871 blieben, konnten Juden in Frankreich nicht mehr werden.

Ganz anders verlief die Entwicklung in Osteuropa. Auch hier war sie nicht von den Juden selbst, sondern von der Entwicklung des jeweiligen Staates abhängig. Im Zarenreich, in dem noch bis in die zweite Hälfte des 19. Jahrhunderts die Leibeigenschaft existierte, konnte man auch keine Bürgerrechte für die Juden erwarten. Das gesamte Konzept einer Gesellschaft gleichberechtigter Bürger war hier unbekannt. Ursprünglich hatte Russland so gut wie keine jüdische Bevölkerung, erst mit der dreifachen Aufteilung Polens am Ende des 18. Jahrhunderts erhielt das Zarenreich auch eine große jüdische Bevölkerungsgruppe. Diese sollte sich allerdings nicht außerhalb der ehemaligen polnischen Gebiete ausbreiten. Aus diesem Grund erklärte man diese und andere neu erworbene Gebiete wie die Gegend um Odessa am Schwarzen Meer zu einem »Ansiedlungsrayon«, über den hinaus Juden nicht siedeln durften. Die zaristische Politik während des 19. Jahrhunderts gegenüber den Juden ließ ihnen wesentlich mehr Autonomie als in Westeuropa, wo die Überreste einer korporativen Gesellschaftsstruktur beseitigt werden sollten. Der Preis der Autonomie freilich war nicht nur gesellschaftliche Isolierung und wirtschaftliche Verarmung, sondern auch eine administrative Willkür, die sich z. B. im bis zu 25-jährigen Wehrdienst einer bestimmten Quote von zumeist als Jungen eingezogenen Juden, die zum Christentum bekehrt werden sollten, austobte. Auch wenn die meisten dieser Rekruten sich nicht dem religiösen Druck beugten, war die Zahl der Konversionen doch höher als in den übrigen Staaten Europas.

Auch in Deutschland kam es seit Beginn des 19. Jahrhunderts verstärkt zu Konversionen zum Christentum. Meistens betrafen sie Personen aus den obersten oder untersten Schichten. Prominente wie die meisten Kinder Moses Mendelssohns oder die berühmten Salonièren Berlins waren darunter. Zumeist waren Karrieregründe ausschlaggebend für die Taufe, wie bei den Eltern von Karl Marx und Felix Mendelssohn-Bartholdy oder bei Heinrich Heine, der von der Taufe als dem »Entréebillet in die europäische Gesellschaft« sprach. Dies traf selbst am Ende des 19. Jahrhunderts in Wien noch zu, wo Gustav Mahler sich taufen lassen musste, bevor er zum Leiter der Hofoper ernannt werden konnte. Noch bis zum Ende des Kaiserreichs 1918 war die Taufe zwar nicht de iure, aber doch de facto Voraussetzung für eine Karriere im preußischen Offizierskorps oder ein Regierungsamt.

Für die mittel- und westeuropäischen Juden änderte sich im 19. Jahrhundert nicht nur der rechtliche Rahmen, sondern ihr gesamter Lebenswandel. Eine fast ausschließlich auf dem Lande beheimatete Bevölkerung von Hausierern, Pfandleihern und Viehhändlern wurde innerhalb von zwei bis drei Generationen zu einer städtisch-bürgerlichen Bevölkerungsgruppe, die vor allem im Handel und Gewerbe ihr Geld verdiente und ihren religiösen Lebensstil zunehmend säkularisierte.

Säkularisierung bedeute nicht notwendigerweise eine völlige Abwendung von der Religion, es konnte durchaus auch eine säkularisierte Form der Religionsausübung bedeuten. Das Judentum bestimmte nun nicht mehr den täglichen Lebensablauf, sondern wurde höchstens einmal wöchentlich in der Synagoge praktiziert. Später sprach man auch von den sogenannten »Drei-

Jüdisches Bürgertum: »Am Sederabend«; Illustration aus »Die Gartenlaube«, illustriertes Familienblatt von 1867.

Tage-Juden«, die nur noch zu den hohen Feiertagen den »Tempel« besuchten. Dabei gab es selbstverständlich Abstufungen entlang der verschiedenen religiösen Strömungen.

Die Reformer oder liberalen Juden betrachteten die gesamte rabbinische Tradition des Talmud und seine Auslegungen nicht mehr als göttlichen Ursprungs und lehnten deshalb auch zentrale Gebote wie Speisegesetze oder strenge Schabbatruhe als unzeitgemäß ab. Dafür ging es ihnen vor allem um ästhetische Veränderungen im Gottesdienst der Synagoge, die sie nun Tempel nannten und damit zum Ausdruck brachten, dass der Tempel für sie nicht mehr in Jerusalem, sondern in Hamburg oder Frankfurt stand. Nach außen hin sollten die Synagogen in zentraler Lage und imposanter Architektur den Geist der Emanzipation atmen. Architektonisch wählte man oftmals einen »maurischen« Stil, um sich das »goldene« spanisch-jüdische Mittelalter als Beispiel einer gelungenen Symbiose mit der Umwelt vor Augen zu halten.

Auch im Inneren veränderte sich einiges. Gebete wurden nun zunehmend in deutscher Sprache gesprochen, diejenigen mit Bezug zur Rückkehr nach Zion sollten ganz verschwinden, die Rabbiner kleideten sich wie protestantische Geistliche und das Pult, von dem aus in der Synagoge die Thora verlesen wird, wurde von der Mitte des Raumes in den Osten neben die Thoralade verschoben. Vor allem aber unterschieden sich als äußeres Zeichen die Reformer von den Orthodoxen durch die Einführung der Orgel. In einem traditionellen Gottestdienst war diese unvorstellbar. Erstens sollte es wegen der Trauer über den zerstörten Tempel keine Musik in der Synagoge geben, zweitens wurde sie als Kopie eines Elements des christlichen Gottesdienstes angesehen und drittens durfte sie am Schabbat ohnehin nicht gespielt werden, da das Spielen der Orgel als Verrichtung von Arbeit gilt. Seitdem 1818 der so genannte »Hamburger Tempelstreit« tobte, spaltete die Orgel liberale von orthodoxen Synagogen.

Doch im Grunde genommen war auch die Orthodoxie eine Erfindung des 19. Jahrhunderts. Sie reagierte auf die Neuerungen der Reformer. Der mit ihr verbundene große Name im 19. Jahrhundert war Samson Raphael Hirsch, der zuletzt in Frankfurt am Main wirkte. Auch er musste mit der Zeit gehen und hatte wenig mit den Traditionalisten in Osteuropa gemeinsam. So verschloss er sich nicht der weltlichen Bildung, sondern propagierte einen neuen Weg als »Tora im derech eretz«, was übersetzt so viel bedeutet wie: nach dem jüdischen Religionsgesetz leben und trotzdem voll an der Kultur der Umwelt teilhaben. So passten sich in der zweiten Hälfte des 19. Jahrhunderts auch orthodoxe Rabbiner in ihrer Kleidung, mit der Einführung regelmäßiger Predigten und mit der Streichung bestimmter Gebete ihrer Umwelt an. Häufig waren sie gute Kenner der deutschen Klassiker und lehrten ihre Schüler morgens den Talmud und nachmittags den Kant. Nur in einem Punkt ließen diese »Neo-Orthodoxen« nicht mit sich reden: All das, was Teil des jüdischen Religionsgesetzes war, galt als göttliches Wort und durfte nicht verändert werden.

Zwischen Reformern und Orthodoxen bildete sich eine moderate Mittelgruppe heraus, die sich selbst als »positiv-historisch« bezeichnete und heute aufgrund der in den USA gebräuchlichen Bezeichnung »konservativ« genannt wird. Sie wollte mehr bewahren als die Reformer und wandte sich in Person ihrer führenden Figur, des Dresdner Rabbiners Zacharias Frankel, gegen die Abschaffung des Hebräischen als Gebetssprache und andere Neuerungen. Dieser Gruppierung gelang es als erster, ein modernes Rabbinerseminar, das 1854 in Breslau gegründete »Jüdisch-Theologische Seminar«, einzurichten. Mit wissenschaftlichen Mitteln wurden hier Rabbiner völlig anders als auf den traditionellen Talmudschulen ausgebildet. Zudem promovierten sie in der Regel parallel an der Universität. Es entstanden erstmals die so genannten »Doktor-Rabbiner«. Die Liberalen gründeten 1871

Gemälde von Moritz Daniel Oppenheim: Jüdische Soldaten bei der Andacht nach der Schlacht bei Wörth im deutsch-französischen Krieg 1870.

die Hochschule für die Wissenschaft des Judentums in Berlin und ein Jahr später folgten die Orthodoxen, ebenfalls in Berlin. Weitere Rabbinerseminare entstanden in Padua, Budapest, Wien, London und Paris.

Die hier vermittelte »Wissenschaft des Judentums« war 1819 aus einem Verein junger jüdischer Studenten der Universität Berlin hervorgegangen, die sich der jüdischen Geschichte und Kultur annehmen wollten, bevor sie in Vergessenheit gerate. Die Texte, die ihre Vätergeneration noch als heilige Schriften verehrte, sollten nun als historische Dokumente zumindest vor der Vergessenheit bewahrt werden. Innerhalb nur weniger Generationen entstand vor allem im deutschsprachigen Raum eine rege Forschungstätigkeit, besonders auf den Gebieten der Geschichte und Literatur. Doch drängten die Vertreter dieser Wissenschaft des Judentums jahrzehntelang vergeblich auf die Einrichtung von Lehrstühlen zum Judentum an einer deutschen Universität.

Am Ende des 19. Jahrhunderts stellte sich die jüdische Gemeinschaft Europas deutlich verändert dar. Während im Osten und Südosten der Großteil der Juden in den drei multinationalen Reichen der Zaren, der Habsburger und der Osmanen noch unter relativ traditionellen Bedingungen lebte, waren die Juden im Westen nun zu deutschen, französischen oder

Die Judengasse in Frankfurt am Main 1883.

italienischen Staatsbürgern jüdischen Glaubens geworden. Ihr Judentum war offiziell als Religion definiert worden, während alle ans Nationale erinnernden Elemente entfernt wurden. Erst der Beginn eines neuartigen, rassisch definierten Antisemitismus in der zweiten Hälfte des 19. Jahrhunderts ließ dem Traum von der Emanzipation schnell ein böses Erwachen folgen.

Alter und neuer Antisemitismus

Antisemitismus ist ein neuer Begriff für eine alte Sache. Erstmals wurde er als politischer Kampfbegriff im Umkreis des Journalisten Wilhelm Marr im Jahre 1879 verwendet. Der Begriff ist ziemlich unsinnig, da er sich nicht gegen »Semiten« wendet, sondern gegen Juden. Was Semitismus sein soll, weiß niemand zu sagen, und Semiten als Rasse darzustellen, war ebenfalls eine unglückselige Erfindung des 19. Jahrhunderts. Es mag eine semitische Sprachfamilie geben, aber eine semitische Rasse gibt es ebenso wenig wie eine arische. Als jedoch seit Mitte des 19. Jahrhunderts Rassentheorien populär wurden, die auch gleich einzuordnen suchten, welche Rassen höher- bzw. minderwertig seien, begann sich die Zielrichtung des traditionellen Judenhasses zu verändern. Fortan ging es nicht mehr um den Glauben, sondern um das Blut. Während man ersteren wechseln konnte, ließ sich die Abstammung nicht verändern. Wer also jüdische Vorfahren hatte, war für einen rassischen Antisemiten ein Jude, egal, ob er eine Synagoge oder eine Kirche oder gar kein Gotteshaus besuchte.

In der Antisemitismusforschung gibt es Anhänger der Theorie, die den Begriff Antisemitismus nur auf jenen neuen rassisch begründeten Judenhass aufbauen, der letztlich zur Eliminierung des als schädlich angesehenen jüdischen Bevölkerungsteils führen muss. Andererseits gibt es Historiker, die den Begriff so fassen, wie er sich seit über einem Jahrhundert im allgemeinen Sprachgebrauch eingebürgert hat: als umfassenden Begriff für jegliche Art von Abneigung gegen Juden oder Judentum. So gibt es Bücher über Antisemitismus in der Antike und im Mittelalter, auch wenn den Verfassern bewusst ist, dass der Begriff selbst erst neueren Datums ist. Dies ist nicht weiter tragisch. Mit zahlreichen neuen Begriffen bezeichnen wir heutzutage ältere Phänomene. Wichtig ist allerdings: Um keine Begriffsverwirrung zuzulassen, differenzieren Wissenschaftler zwischen verschiedenen Motivationen für den Antisemitismus, so etwa religiösen, wirtschaftlichen und rassischen Spielarten. Doch lässt sich auch das zumeist nicht deutlich und sicher trennen: Religiöser Antisemitismus ist nicht selten mit wirtschaftlichen Argumenten unterlegt, und selbst die rassisch begründete Judenfeindschaft des 20. Jahrhunderts baut oft auf religiösen Fundamenten auf; zugleich ist so mancher wirtschaftlich motivierte Antisemitismus nichts weiter als versteckter Rassenhass.

Es scheint, als ob es bereits in der vorchristlichen Antike eine Abneigung gegen eine Religion gegeben hätte, die sich in ihrer Verehrung für einen einzigen und unsichtbaren Gott von der Vorstellungswelt der antiken Völker grundsätzlich unterschied. Tacitus, der in seinem Geschichtswerk auch die jüdische Revolte gegen die Römer 66 und die Zerstörung des Tempels 70 beschreibt, findet zwar auch harte Worte für die Römer, die 10 Jahre brauchten, um die Kontrolle über Judäa zu erlangen, doch beschreibt er im Kern all das, was unter heidnischen Autoren der Antike immer wieder als Kernargument gegen die Juden vorgebracht wird: »Die Juden betrachten all das, was wir als heilig ansehen, als profan, und erlauben alles, was wir verabscheuen.« Tacitus beschuldigt die Juden, sich in einer für die Römer sonderbaren Weise abzusondern: Sie essen nicht mit anderen (besonders das Verbot des Schweinefleischgenusses wird von Tacitus beanstandet), sie haben keinen Geschlechtsverkehr mit fremden Frauen, sie begraben ihre Toten und setzen ungewollte Kinder nicht aus. Vor allem aber ist für Römer und Griechen unverständlich, wie man den Göttern ohne bildliche Darstellungen und Statuen dienen kann.

Aus jüdischer Perspektive wird vom Judenhass bereits im biblischen Buch Esther berichtet: »Da sprach Haman zum König Achaschwerosch: Da ist ein Volk, zerstreut und versprengt unter die Völker, durch alle Landschaften deines Königreichs, deren Gesetze unterschieden sind von denen anderer Völker; sie tun nicht nach den Gesetzen des Königs, und dem König bringt es nichts ein, wenn er sie lässt. Wenn es dem Könige gefällt, so lasse er sie umbringen …« (Esther 3,8–9) Und im 1. Jahrhundert nach unserer Zeitrechnung stellt der jüdische Historiker Flavius Josephus fest: »Die Lästerungen gegen uns fingen in Ägypten an«.

Diese »Lästerungen« hätten wohl nicht zu einer jahrtausendelangen Feindschaft geführt, wenn nicht die beiden anderen monotheistischen Weltreligionen so nahe am Judentum orientiert gewesen wären. Die zahlreichen Stellen des Neuen Testaments, auf die sich Christen später in ihrer Ablehnung des Judentums beriefen, waren als Teil eines innerjüdischen Bruderkampfs geschrieben. Im frühen Christentum war die Abtrennung der Tochter- von der Mutterreligion ein zentrales Thema, das selbstverständlich immense Spannungen verursachte. Mit der immer stärker werdenden Position der Heidenchristen, der Bekehrung Kaiser Konstantins 313 und der dominierenden Rolle des Christentums im Römischen Reich wird der innerjüdische Konflikt auf eine völlig andere Ebene gehoben. Liest man in den Schriften der Kirchenväter, so stößt man bereits dort auf Aufrufe zur Gewalt gegen die Juden und ihre Synagogen. Bei Johannes Chrysostomus, einem der griechischen Kirchenväter aus dem 4. Jahrhundert, findet sich fast das gesamte spätere Repertoire des gewalttätigen Antisemitismus. Allerdings muss auch hier berücksichtigt werden, dass seine Predigten sich vor allem auf judaisierende Christen bezogen. Ihr Ton ist allerdings schärfer, wie ein extremes Beispiel zeigt: »Obwohl sich diese Bestien nicht zur Arbeit eignen, so sind sie gut genug, um getötet zu werden.«

Die Frage, die sich mindestens ebenso stellt wie die nach der langen Geschichte des Judenhasses, ist dabei die Frage nach ihrem langen Überleben. Es wäre der Kirche im Mittelalter ein leichtes gewesen, die Juden in ihrem Herrschaftsbereich ebenso gnadenlos zu vernichten wie die Häretiker in den eigenen Reihen. Doch war es immer offizielle Politik der Kirche, die Juden zwar zu demütigen und zu diskriminieren, doch zugleich am Leben zu belassen. Sie galten als Bewahrer der Schrift, auch wenn sie sie nicht verstanden und falsch interpretierten, und waren zudem Zeugen der Wahrheit Christi, die durch ihre bloße Existenz als gedemütigte und diskriminierte Minderheit die Wahrheit des Christentums unter Beweis stellten. Schließlich mussten auch Juden übrig sein, um die Weissagung erfüllen zu können, dass am Ende der Tage auch die Juden Jesus anerkennen würden.

Insgesamt lassen die christlichen Quellen späteren Interpreten viel Spielraum zur Auslegung. Neben wohlmeinenden Aussagen stehen ebenso feindselige, die später als Grundlage des Judenhasses dienen. Spätestens im Mittelalter vermischten sich die religiösen und wirtschaftlichen Motive des Judenhasses, wie wir schon sahen.

Es wurde im Vorangegangenen schon deutlich, wie religiöse, wirtschaftliche und einfach abergläubische Vorstellungen in der Herausbildung eines populären Judenhasses während des Mittelalters zusammenwirkten. Auch der rassisch begründete Judenhass ist keine Erfindung des 19. Jahrhunderts, sondern der spanischen Inquisition. Als die Juden 1492 aus Spanien und 1497 aus Portugal vertrieben wurden, lebte eine große Bevölkerung so genannter »Neuchristen« auf der iberischen Halbinsel und später in deren Kolonien. Selbstverständlich wechselten diese nicht über Nacht ihre Berufe, zogen in andere Wohnungen und fanden sofort neue Freunde. Das Taufwasser hatte manche von ihnen zu bekennenden Katholiken gemacht, andere zu den im Geheimen ihren alten Glauben bewahrenden Marranen. Bald jedoch sollten bestimmte Ämter und Würden nur noch den »Alten Christen«, nicht den Conversos und ihren Nachkommen anvertraut werden, egal, wie eifrige Katholiken sie geworden waren. Man benötigte z. B., um ein Priesteramt oder hohes Staatsamt zu bekleiden, eine Art »Christennachweis«. Es ist dies in der Tat ein früher Vorläufer des modernen rassischen Antisemitismus.

Mit dem 18. Jahrhundert und dem Beginn aufklärerischen Denkens wandelte sich auch die Einstellung gegenüber dem Judentum. Auf der einen Seite schwanden die religiösen Vorurteile immer mehr, und die Aufklärer akzeptierten die Juden als Menschen. Bestes Beispiel hierfür ist Lessings »Nathan der Weise«. Und doch gab es auch eine andere Strömung der Aufklärung, die vor allem in Frankreich stark ausgeprägt war und nun auf vorchristliche antike antijüdische Stereotypen zurückgriff. Voltaire etwa klingt nicht viel anders als Tacitus, wenn er die Juden bezichtigt, die abergläubischste aller

Religionen zu besitzen. Die jüdische Zivilisation betrachtete er als Überbleibsel der Antike, die in der modernen Zeit nichts zu suchen hätte. Selbst wenn man die Juden von ihrer Religion heile, so Voltaire, bleibe ihr mit der Aufklärung unvereinbarer Charakter bestehen.

Manche Forscher sehen hier bereits den Beginn des modernen Antisemitismus, während andere später im 19. Jahrhundert ansetzen. Ein einschneidender Wandel ist in Deutschland jedenfalls mit dem Ende der Aufklärungszeit und dem Beginn der Romantik zu erkennen, als deutschtümelnde Töne die Juden neben den Franzosen als artfremd darstellen. Richard Wagner machte sich in seiner zunächst 1850 anonym erschienen Schrift »Das Judentum in der Musik« diese neue rassische Grundlage zu eigen, wenn er Kompositionen des als Kind christlich getauften Felix Mendelssohn-Bartholdy als typisches Werk eines jüdischen Künstlers darstellt und gemeinsam mit anderen Werken von Komponisten jüdischen Hintergrunds verdammt. Dass er knapp zwanzig Jahre später (1869) dieses Pamphlet noch einmal unter seinem eigenen Namen abdruckte, zeigt nicht nur seine beharrliche Abneigung gegen die Juden, sondern auch, wie der Antisemitismus zunehmend salonfähig wurde.

In der Tat sollte gerade der Durchbruch zur so lange ersehnten Emanzipation der Juden den Beginn einer neuartigen Welle des politischen und gesellschaftlichen Antisemitismus mit sich ziehen. Als mit der Verfassung des Kaiserreiches 1871 die letzten rechtlichen Barrieren für die deutschen Juden wegfielen, bemühten sich ihre Gegner nun darum, sie wieder zu Bürgern zweiter Klasse zu stempeln. Dabei ist auffallend, welch breites Spektrum der Antisemitismus umspannte. Seine Protagonisten reichten von Theologen und Hofpredigern über Journalisten bis hin zu angesehenen Historikern und Journalisten. Sie zogen religiöse und wirtschaftliche ebenso wie rassische Elemente heran.

Im Jahr der Reichsgründung erschien die Schrift »Der Talmudjude« des in Münster tätigen katholischen Theologieprofessors August Rohling. Rohling bediente sich in großen Teilen des klassischen antijüdischen Traktats »Entdecktes Judenthum« von Johann Andreas Eisenmenger, das bereits am Ende des 17. Jahrhunderts von Kaiser Leopold I. konfisziert wurde, das dann aber in Preußen unter Friedrich I. einen Neudruck erlebte. Die falsche Interpretation zahlreicher Stellen der rabbinischen Literatur fand sich bereits bei Eisenmenger, und Rohling wurden in einem Verleumdungsprozess Fälschungen und Plagiate nachgewiesen. Auch nahmen protestantische Gelehrte, wie Franz Delitzsch und Hermann Strack (die beide in missionarischer Absicht ein »Institutum Judaicum« in Leipzig und Berlin gegründet hatten) und zögernd auch die katholische Kirche, gegen Rohling Stellung. Doch zeigt sich die Schwierigkeit im Kampf gegen den Antisemitismus gerade darin, dass trotz dieser Prozesse und Stellungnahmen die Popularität Rohlings nicht schwand, sein Buch mehrere Auflagen und Übersetzungen erlebte, er 1876 als Professor für Altes Testament nach Prag berufen wurde, und selbst Eisenmengers Schrift 1892 eine Neuauflage erlebte.

Auf anderer Ebene erlebte der Antisemitismus in der bürgerlich-gemäßigten Presse der Gründerzeit einen Aufschwung. Der Journalist Otto Glagau veröffentlichte in der von ca. zwei Millionen Lesern gelesenen Zeitschrift »Die Gartenlaube« 1874 und 1875 eine Artikelserie, in der die Juden als Sündenböcke für den »Börsen- und Gründungsschwindel in Berlin« herhalten müssen. In diesen 1876 auch als Buch veröffentlichten Beiträgen kommt die wirtschaftliche Misere der Gründerzeit zum Ausdruck, für die die Juden verantwortlich gemacht werden. Rassische Elemente sind hier bereits eingearbeitet, wenn Glagau die Juden etwa als »physisch wie psychisch entschieden degenerierte Race« bezeichnet.

Dies alles war jedoch nur ein Vorspiel zum Höhepunkt der antisemitischen Stimmung, die im Jahr 1879 mit dem so genannten »Berliner Antisemitismusstreit« erreicht wurde. Auslöser war der von dem angesehenen Historiker Heinrich von Treitschke publizierte antijüdische Artikel »Unsere Aussichten« in den »Preußischen Monatsheften«, in dem er vor den aus Osten eindringenden »strebsamen, hosenverkaufenden Jünglingen« warnte und an dessen Ende erstmals das fatale Wort auftaucht: »Die Juden sind unser Unglück«, das er dem Volksmund »bis in die Kreise der höchsten Bildung« unterlegt.

Es gab zwar auch durchaus respektable Gegenstimmen zu dieser antisemitischen Stimmung. So war der bekannteste Gegner Treitschkes dessen liberaler Kollege Theodor Mommsen, der sich mit gleich gesinnten Christen im 1890 gegründeten »Verein zur Abwehr des Antisemitismus« engagierte. Gleichzeitig fühlte sich Mommsen jedoch auch genötigt, den deutschen Juden eine Mitverantwortung am aufflammenden Antisemitismus zuzuschreiben. Trotz aller Worte der Entrüstung über die antisemitischen Töne seines Historikerkollegen Treitschke kam er im Schlusswort seiner Entgegnung zu der Erkenntnis, dass sich die Juden außerhalb der modernen Zivilisation befänden, wenn sie sich nicht dazu entschließen könnten, die Wahrheit des Christentums anzuerkennen. Die beste Art der Integration sei immer noch die Taufe. So strebte auch Mommsens Konzept der Emanzipation nicht die

Emigration von Juden aus Russland: Ankunft von Auswanderern im Verpflegungsraum des Charlottenburger Bahnhofs in Berlin 1891.

Entfaltung einer – wie immer gearteten – Entfaltung jüdischer Eigenart an, sondern letztlich das vollkommene Aufgehen der jüdischen Gemeinschaft innerhalb einer christlich geprägten, wenn auch säkularisierten, deutschen Nation. Damit vertrat er die Grundposition zahlreicher Mitglieder des »Vereins zur Abwehr des Antisemitismus«, wie beispielsweise dessen langjähriger Vorsitzender Georg Gothein, der »den vollkommenen Verschmelzungsprozeß« forderte.

Im selben Jahr wie Treitschke trat der Hofprediger Wilhelms I., Adolf Stoecker, mit seiner »Christlich-Sozialen Arbeiterpartei« (seit 1881: »Christlich-Soziale Partei«), eine durch seine Person an Respektabilität gewinnende antisemitische politische Partei, an die Öffentlichkeit. Beide Personen verschafften dem Antisemitismus eine bis dahin in diesem Ausmaß nicht da gewesene Salonfähigkeit.

Ebenfalls 1879 tauchte in den Schriften des Journalisten Wilhelm Marr das Schlagwort des Antisemitismus auf. Wie Glagau und Stoecker spielte auch in Marrs Schriften, wie etwa in »Der Sieg des Judenthums über das Germanenthum«, das Angstmotiv eine große Rolle. Der Erfolg der Antisemiten in unterschiedlichen gesellschaftlichen Kreisen lässt sich zum Teil mit dem dramatischen Wandel der Gesellschaft im 19. Jahrhundert erklären. Große Teile der Bevölkerung waren aus ihren traditionellen Berufsgruppen, vor allem Bauernstand und Handwerk, verdrängt worden und litten unter der »Gründerkrise«. Im Zeitalter der Industrialisierung waren große Bevölkerungsgruppen verarmt und hatten auch mentale Probleme, sich den grundlegenden gesellschaftlichen Reformen anzupassen. Gleichzeitig war bei einem großen Teil der jüdischen Bevölkerung ein sozialer Aufstieg zu beobachten. So gelang es den meisten von ihnen, von einer ländlich geprägten, sozial randständigen Bevölkerungsgruppe in den Mittelstand aufzurücken. Die traditionellen Berufsgruppen, in denen Juden tätig waren – Handel und Gewerbe –, waren nun im Aufschwung begriffen. Hinzu kam der gesellschaftliche Aufstieg über die Bildung, die eine außerordentlich große Rolle spielte und sich nun vom religiösen in den weltlichen Bereich verlagerte. Noch am Anfang des 19. Jahrhunderts war man gewohnt, in den Juden die Hausierer und Pfandleiher zu sehen, die sich übers Lands schleppten und rechtlich diskriminiert waren. Nun waren sie Nachbarn geworden, die vielleicht wirtschaftlich nicht besser standen als man selbst, aber zu der Position aufgestiegen waren, in die man selbst abgerutscht war.

Am Ende des 19. Jahrhunderts erlebte die damals als »Radau-Antisemitismus« bezeichnete Formierung radikaler Antisemiten ihren politischen Höhepunkt, als 1893 sechzehn Antisemiten in den Reichstag einzogen. Immer noch blieb der Antisemitismus ein – wenn auch laut hörbares – Randphänomen. Dies aber änderte sich mit dem Bekenntnis zum Antisemitismus durch Massenparteien und -organisationen am Ende des Jahrhunderts. Dazu gehörten der Bund der Landwirte ebenso wie der Deutschnationale Handlungsgehilfenverband, die Konservative Partei (die 1892 auf dem »Tivoli-Parteitag« den Passus in ihr Programm aufnahm, den »sich vordrängenden und zersetzenden jüdischen Einfluß auf unser Volksleben« zu verurteilen) ebenso wie der Alldeutsche Verband. Zu Beginn des 20. Jahrhunderts war zwar der Radau-Antisemitismus zurückgegangen und hatte sich die Zahl der dezidiert unter antisemitischer Flagge auftretenden Reichstagsmitglieder verringert, das Gift des Antisemitismus hatte sich jedoch in größeren gesellschaftlichen Bereichen und Organisationen ausgebreitet.

Der Antisemitismus war selbstverständlich keine ausschließlich deutsche Angelegenheit. Die Situation in Osteuropa wird aufgrund ihrer völlig verschiedenen Grundvoraussetzungen in anderem Zusammenhang geschildert. Zum Vergleich lohnt freilich ein Blick nach Frankreich, wo der Antisemitismus ebenfalls auf eine lange Tradition zurückblicken kann, die vor allem

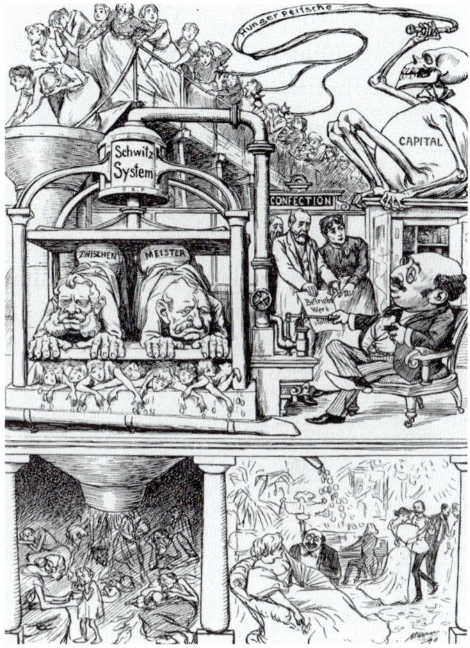

Das gleiche Vorurteil über Jahrhunderte hinweg in unterschiedlichen Gewändern: Die Miniatur aus dem 13. Jahrhundert diffamiert die Juden als Wucherer, die Karikatur aus dem 19. Jahrhundert sieht sie im Banne des Mammon.

im politisch linken Lager ihre Ursprünge findet. So schrieb Hannah Arendt einmal: »Zu den ebenso hartnäckigen wie unbegründeten Vorurteilen der liberalen öffentlichen Meinung und ihrer Geschichtsschreibung gehörte die kuriose und von keinen Tatsachen zu störende Vorstellung, dass der Antisemitismus ein Phänomen der Reaktion und die Antisemiten Revolutionäre seien. Diese Darstellung trifft noch nicht einmal die Antisemitenagitation in Deutschland am Ende des vorigen Jahrhunderts; sie wird aber geradezu absurd, wenn man die Entwicklung in Frankreich und Österreich verfolgt.«

Bereits Voltaire hatte, wie wir sahen, an judenfeindlichen Äußerungen nicht gespart, die Frühsozialisten wie Charles Fourier, Alphonse Toussenel und Pierre-Joseph Proudhon setzten nun die folgenreiche Verbindung von Juden und Geldgewerbe in Umlauf und beriefen sich dabei vor allem und immer wieder auf das eine Beispiel der Familie Rothschild. Juden seien unproduktiv und berechnend, kurz gesagt, die ärgsten Vertreter jener Gesellschaftsgruppen, die in den neuen sozialistischen Gesellschaftsmodellen verschwinden müssten. In dieser Gleichsetzung von Juden und Kapitalisten waren sie sich übrigens mit dem als Jude geborenen, aber als Kind getauf-

Deuxième Année. — Numéro 87 — Cinq Centimes — JEUDI 13 JANVIER 1898

Directeur ERNEST VAUGHAN

L'AURORE

Littéraire, Artistique, Sociale

J'Accuse...!

LETTRE AU PRÉSIDENT DE LA RÉPUBLIQUE

Par ÉMILE ZOLA

LETTRE A M. FÉLIX FAURE

Président de la République

Offener Brief an den Präsidenten der Republik, in dem Emile Zola in der Dreyfus-Affäre Partei für den Verbannten ergreift.

ten Karl Marx durchaus einig, bei dem es heißt: »Welches ist der weltliche Grund des Judentums? Das praktische Bedürfnis, der Eigennutz. Welches ist der weltliche Kultus des Juden? Der Schacher. Welches ist sein weltlicher Gott? Das Geld.«

Der Antisemitismus selbst war in Frankreich kaum weniger ernst zu nehmen als in Deutschland. Die antisemitischen Begleitumstände bei der Verleumdungskampagne gegen den jüdischen Offizier Alfred Dreyfus in den letzten Jahren des 19. Jahrhunderts zeigen dies zur Genüge. Die Abwehr des Antisemitismus mag in Frankreich aus verschiedenen Gründen aber wirksamer gewesen sein. Im Unterschied zu Deutschland mussten die französischen Juden nicht ein Jahrhundert lang um ihre Emanzipation kämpfen. Sie waren im Gefolge der Revolution zu französischen Bürgern geworden und mussten nicht mehrere Generationen lang beweisen, dass sie die Gleichberechtigung verdienten. Den in Deutschland jahrzehntelang tobenden Auseinandersetzungen um die rechtliche Stellung der Juden fehlte somit in Frankreich die Grundlage. Auch der Aufstieg in höchste Staatsämter stand ihnen im Gegensatz zu den deutschen Staaten, wo nur ein einziger Jude ohne vorherige Taufe vor 1918 einmal den Ministerrang erreichte (Moritz Ellstätter als Finanzminister in Baden), offen. In Frankreich amtierte etwa der sein Judentum keineswegs versteckende Adolphe Crémieux als Justizminister. Ähnliches lässt sich von Italien sagen, wo bei einer ungleich geringeren jüdischen Bevölkerung als in Deutschland einige Juden in Ministerränge aufstiegen. Man könnte noch einen Schritt weiter gehen und sagen, die ganze Dreyfus-Affäre hätte es in Preußen gar nicht geben können, da auch nach der Emanzipation 1871 kein Jude jemals in den Offiziersrang erhoben wurde.

Noch etwas kam hinzu. Im Gegensatz zu Preußen und anderen deutschen Staaten gab es in Frankreich eine lange Tradition einer republikanischen, demokratischen und säkularen Gesellschaft, in der die offene Meinungsdebatte freier geführt werden konnte. Ein Émile Zola, dessen öffentliche Stellungnahme zugunsten von Dreyfus (»J'accuse«) bis heute als Symbol für das kompromisslose Eintreten für eine gerechte Sache gilt, ging weiter als ein Theodor Mommsen, der letztlich doch wieder das Judentum in seine religiösen Grenzen verwies und die deutsche Gesellschaft als eine ihrem Wesen nach christliche wahrnahm.

Organisation des Judentums und die Geburt des Zionismus

Bereits in der Mitte des 19. Jahrhunderts hatten europäische Juden auf die neue Antisemitismuswelle erstmals mit der Gründung einer politischen Organisation reagiert. In der Folge der so genannten Damaskus-Affäre von 1840 und des Mortara-Falls von 1858 wurde 1860 die Alliance Israélite Universelle gegründet, die es sich zum Ziel setzte, in Not geratene Juden weltweit zu unterstützen. Bei der Damaskus-Affäre handelte es sich um die aus dem christlichen Europa in den muslimischen Orient importierte Beschuldigung, Juden hätten in Damaskus ein Christenkind getötet und dessen Blut für rituelle Zwecke verwendet. Diese für überholt geglaubte Legende des Mittelalters hatte nicht nur zu schweren Ausschreitungen gegen syrische Juden geführt, sondern wurde selbst von französischen Diplomaten anfangs für bare Münze gehalten. Angesehene britische und französische Juden, wie Sir Moses Montefiore und der französische Justizminister Adolphe Crémieux beeilten sich, den Irrsinn derartiger Anschuldigungen nachzuweisen und den bedrohten Juden zu Hilfe zu eilen. Beim Mortara-Fall ging es um die Zwangstaufe eines jüdischen Jungen in Italien, die von der katholischen Kirche gutgeheißen wurde. Mit der Gründung der Alliance, die in ähnlichen Fällen Beistand leisten sollte und letztlich vor allem dazu diente, mithilfe eines weit verbreiteten französischsprachigen Schulsystems den Bildungsstand der vorderasiatischen und nordafrikanischen Juden zu heben, war erstmals ein moderner internationaler Rahmen für jüdische politische Betätigung geschaffen.

Mit der Gründung des Centralvereins deutscher Staatsbürger jüdischen Glaubens (CV) riefen liberale Juden 1893 eine eigene jüdische Organisation zur Abwehr des Antisemitismus ins Leben. Bereits im Namen war dessen Botschaft enthalten: Die mit der Reichsgründung zu gleichberechtigten Staatsbürgern gewordenen deutschen Juden unterschieden sich lediglich in ihrem Glauben von ihren christlichen Mitbürgern.

Zu Beginn des 20. Jahrhunderts war der Centralverein zur größten und wichtigsten Organisation im deutschen Judentum herangewachsen. Der Kampf gegen den Antisemitismus wurde vor allem mit rechtlichen Mitteln ausgefochten. Dabei erzielte der CV bedeutende Erfolge, insbesondere auf dem Wege über Verleumdungsklagen. Ob diese allerdings den Gegner beeindruckten, mag dahingestellt bleiben. Wer wollte, blieb auch nach verlorenem Prozess bei seinen antisemitischen Überzeugungen und beschimpfte das Gericht als verjudet. Durchaus zutreffend stellte der schon erwähnte Historiker Theodor Mommsen fest: »Sie täuschen sich, wenn Sie glauben, dass ich da was richten kann. Sie täuschen sich, wenn Sie glauben, dass man da mit Vernunft überhaupt etwas machen kann. Ich habe das früher auch gemeint und immer und immer wieder gegen die ungeheure Schmach protestiert, welche Antisemitismus heißt. Aber es nützt nichts. Es ist alles umsonst. Was ich Ihnen sagen könnte, das sind doch immer nur Gründe, logische und sittliche Argumente. Darauf hört doch kein Antisemit. Die hören nur auf den eigenen Hass und den eigenen Neid, auf die schädlichen Instinkte. Alles andere ist ihnen gleich. Gegen Vernunft, Recht und Sitte sind sie taub.«

Aus denselben Motiven sollte der Wiener jüdische Journalist Theodor Herzl seinen Zionismus begründen. Am liebsten hätte er die Wiener Juden kollektiv zur Massentaufe in den Stephansdom geführt, doch musste er realisieren, dass für die Rassisten nun nicht mehr die Religion, sondern das Blut zählte. »Wir haben überall ehrlich versucht, in der uns umgebenden Volksgemeinschaft unterzugehen und nur den Glauben unserer Väter zu bewahren. Man lässt es nicht zu«, notiert er 1896 im »Judenstaat«, seinem Buch, das zum Gründungsdokument des politischen Zionismus wurde. Herzl ging es vor allem um die Befreiung vom Antisemitismus, wie er sich am Ende des 19. Jahrhunderts überall in Europa manifestierte: in Russland durch Pogrome, in Frankreich durch die Dreyfus-Affäre, in Österreich durch die Wahl des Antisemiten Lueger zum Bürgermeister von Wien. Herzl hatte im »Judenstaat« noch offengelassen, ob in Palästina oder Argentinien der zukünftige Staat der Juden entstehen sollte. 1903, kurz vor

Die Degradierung von Alfred Dreyfus 1894 wegen angeblichen Landesverrats. Dreyfus wurde deportiert, später in einem Aufsehen erregenden Prozess, der auch durch das Engagement des Emile Zola zustande kam, rehabilitiert. Offenbar wurde der tiefe Antisemitismus der französischen Armee.

seinem Tod, erwog er zum Entsetzen der Mehrheit der Zionisten, auf ein Angebot der britischen Regierung einzugehen, zumindest vorübergehend ein jüdisches Gemeinwesen in Ostafrika zu begründen.

Doch weder Argentinien noch Uganda hätten jemals den Boden für einen jüdischen Staat hergeben können. Die Emotionen der Juden und ihre Geschichte waren über die Jahrtausende mit Zion verbunden. So konnte Herzl, als er im August 1897 den ersten Zionistenkongress nach Basel einberief, gewiss keine Urheberschaft des Gedankens einer Rückkehr nach Zion beanspruchen. Genauso alt wie die Zerstörung des jüdischen Gemeinwesens im Lande Israel war auch die Vision von der Rückkehr aus der Zerstreuung. Dreimal täglich beteten und beten fromme Juden um die Rückkehr nach Zion, und jüdische Dichter des Mittelalters und der Neuzeit verliehen dieser Zionssehnsucht einen poetischen Klang. Herzl war auch nicht der Erste, der im 19. Jahrhundert den Traum einer Rückkehr in die Heimat politisch formulierte. Bereits 1862 hatte der ehemalige Weggefährte Karl Marx', Moses Heß, seine Schrift »Rom und Jerusalem« verfasst, in der er die Juden zur Nachahmung des italienischen Risorgimento aufforderte. Wenn Rom die Hauptstadt eines neu belebten Italien werden könne, warum dann nicht Jerusalem als Zentrum eines neu belebten jüdischen Staates! Seine Schrift verhallte jedoch ebenso ungehört wie die des Arztes Leon Pinsker aus Odessa, der nach dem Beginn der Pogrome im Zarenreich seine Glaubensgenossen 1882 zur »Auto-Emancipation« aufforderte. Seine unter diesem Titel in deutscher Sprache veröffentlichte Schrift inspirierte zwar die Gründung von Gruppen so genannter »Zionsfreunde«, die sich teilweise auch tatsächlich auf den Weg ins Heilige Land machten, doch eine politische Bewegung wurde auch daraus nicht.

Hierzu brauchte es einen politischen Organisator und Visionär vom Formate Herzls, der aus kleinsten zionistischen Splittergruppen eine einheitliche Bewegung schmieden konnte. In seinem vielleicht faszinierendsten und zugleich naivsten Buch, dem utopischen Roman »Altneuland«, gab er seiner Vision eines Judenstaates Gestalt. Diese sieht, so viel darf man gewiss sagen, zumindest ein wenig anders aus als die israelische Realität. Herzl malte sich eine idealisierte Gesellschaft aus, in der Juden und Araber friedlich miteinander leben und in der es kaum politische Konflikte gibt. Vielleicht symbolträchtiger als irgendeine andere Bemerkung war sein Vorschlag, die Fahne dieses Staates mit sieben Sternen zu entwerfen: als Zeichen des Sieben-Stunden-Tages. Im »Altneuland« genießen Frauen völlige Gleichberechtigung, inklusive des damals in Europa für sie noch unbekannten aktiven und passiven Wahlrechts. Und an den Palmen hängen, auch dies für die Jahrhundertwende eine revolutionäre Neuerung, »elektrische Straßenlampen … wie große gläserne Früchte.« Dass die einheimische arabische Bevölkerung sich diesem politisch und sozial perfekten System nicht verschließen würde, bedurfte in Herzls Vorstellung keiner besonderen Erklärung mehr. Von hebräischer Sprache übrigens, die er selbst nicht beherrschte, war bei ihm nicht die Rede. Ginge es nach Herzl, so spräche man Deutsch im Judenstaat.

Theodor Herzl, Portraitaufnahme um 1900.

Der Zionismus war jedoch mehr als nur eine Reaktion auf den Antisemitismus. Neben Herzl, der vor allem an ein Asyl für die vom Antisemitismus bedrohten Juden dachte, strebten die so genannten Kulturzionisten eine Erneuerung des Judentums als einer weitgehend säkularen Kultur mit hebräischer Sprache an. Der jüdische Staat war in diesem Modell geistiger Mittelpunkt für ein säkularisiertes Judentum.

Ausblick ins 20. Jahrhundert

Das Aufkommen des Antisemitismus im 19. Jahrhundert stellte die Juden vor ein neues Dilemma. Passten sie sich ihrer Umwelt an, so hieß es, sie würden ihren eigentlichen Charakter verleugnen; hielten sie an ihren Traditionen fest, so warf man ihnen vor, einer veralteten Religion anzugehören. Selbst die Taufe nützte nichts, wenn es um das Blut und nicht mehr um den Glauben ging. Was auch immer sie taten, es fanden sich genug Personen, die dies als falsch auslegten und nur eines forderten: die Eliminierung der Juden aus der Gesellschaft.

Der 1. Weltkrieg stellte auch die jüdische Gemeinschaft Europas vor eine Zerreißprobe. In allen Krieg führenden Staaten eilten auch die Juden an die Waffen, nicht selten von noch größerem Ansporn getrieben als ihre christlichen Landsleute. Sie hofften, dass der Krieg nun auch die letzten bestehenden sozialen Barrieren einreißen und in den Schützengräben die Verbrüderung zwischen Juden und Christen erfolgen würde. Dafür nahmen sie auch in Kauf, dass Juden auf Juden schossen und besonders in Osteuropa dem Kriegsgeschehen direkt ausgesetzt waren. In Deutschland entdeckte plötzlich auch die Oberste Heeresleitung die zuvor verhassten Ostjuden, wies mit Nachdruck auf die kulturelle Affinität zwischen deutscher und jiddischer Sprache hin und verurteilte die Pogrome des Zarenreichs. Dennoch wurden im Jahre 1916 in der so genannten »Judenzählung« alle jüdischen Soldaten ausgesondert und gezählt. Auch wenn der offizielle Grund dafür war, die antisemitische Behauptung, es würden zu wenige Juden in der Armee dienen, zu widerlegen, wurde diese Zählung doch als neuerliche Aussonderung aus der Gesamttruppe verstanden und von den jüdischen Soldaten als diskriminierend empfunden. Als viele Jahre nach Kriegsende die Auswertung der Zählung belegte, dass Juden im Vergleich zur christlichen Bevölkerung des Reichs sogar etwas überrepräsentiert waren und 12.000 Gefallene aus ihren Reihen aufwiesen, interessierte dies dann kaum noch jemanden.

Bei Kriegsende sollte sich nicht nur die Landkarte Europas verändert, sondern ebenso das jüdische Europa neue Formen angenommen haben. Bis zum Ende des Krieges lebten die meisten europäischen Juden in einem der Vielvölkerstaaten des Zarenreiches, des Habsburgerreiches oder des Osmanischen Reiches. Sie waren dort eine unter vielen Minderheiten und treu dem Herrscher untergeben. Eigene Territorialansprüche hatten sie in diesen Staaten nicht. In den nach dem Krieg gegründeten angeblichen Nationalstaaten, die entweder Kunstgebilde wie Jugoslawien oder die Tschechoslowakei waren oder aber große Minderheiten aufwiesen, die nicht der dominanten Nationalität angehörten (z. B. Ukrainer, Deutsche und Juden in Polen), gerieten die Juden in die Mühlen des Nationalismus. Außerdem waren viele dieser Staaten, wenn überhaupt, nur anfangs wirklich demokratisch. In den zunehmend autoritären Regimes nahm häufig auch der Antisemitismus eine tragende Rolle im staatlichen Selbstverständnis ein. In der Sowjetunion setzten die Juden zunächst große Hoffnung in die neue Herrschaft, die das verhasste und antisemitische Zarenregime abgelöst hatte. Auch waren einige Revolutionäre, am bekanntesten Trotzki, jüdischer Herkunft, wenngleich sie sich längst von allen Bindungen zum Judentum gelöst hatten. Sehr bald wurde jedoch deutlich, dass der Antisemitismus in der Sowjetunion nur offiziell ausgetilgt worden war, sich in der Realität aber fortsetzte. Auch die Möglichkeit, sich religiös und bald auch kulturell eine eigene jüdische Identität zu bewahren, wurde zunehmend schwieriger. Gleichzeitig blieb das Judentum offiziell als Nationalität bestehen, die so auch im Pass vermerkt wurde. Stalin versuchte, die »Judenfrage« durch die Gründung der autonomen jüdischen Teilrepublik Birobidschan zu lösen und damit auch einen Gegenpol zum Zionismus herzustellen. Aufgrund der Lage im äußersten Osten der Republik an der Grenze zu China kamen aber nur wenige Tausend Menschen freiwillig in das wirtschaftlich und kulturell rückständige Gebiet.

Anders war die Situation in Westeuropa. Die jüdische Bevölkerung in Frankreich und Großbritannien nahm nun aufgrund der anhaltenden Emigration aus Osteuropa und der gleichzeitigen Einwanderungsrestriktionen in den Vereinigten Staaten immer mehr zu. Paris und London wurden zu neuen Zentren jüdischen Lebens in Europa mit jeweils starkem osteuropäischen Einschlag. In der Weimarer Republik stellte sich die Situation widersprüchlich dar. Einerseits versprach die Weimarer Verfassung die völlige Gleichberechtigung, der nun erstmals auch in der Praxis keine wesentlichen Einschränkungen mehr folgten. Juden wurden zu Ministern ernannt und stiegen in höhere Verwaltungsränge auf. Doch war der Preis hierfür hoch. Der virulente Antisemitismus war vor allem in den ersten und letzten Jahren der Republik zu spüren. Der Mord an Außenminister Walther Rathenau 1922 ist hierfür ebenso symptomatisch wie die tätlichen Übergriffe gegen Synagogenbesucher am Kurfürstendamm anlässlich des jüdischen Neujahrsfestes 1930. Das deutschsprachige Kultur- und Geistesleben der »Goldenen Zwanziger« wäre ohne Namen wie Franz Kafka, Franz Werfel, Stefan Zweig, Arnold Zweig, Kurt Tucholsky, Lion Feuchtwanger, Jakob Wassermann, Alfred Kerr, Kurt Weill, Arnold Schönberg, Max Liebermann, Max Reinhardt, Sigmund Freud und Albert Einstein gewiss nicht dasselbe gewesen. Diese Reihe ließe sich lange fortsetzen. Sie zeigt auch an, wie sehr sich die Juden in Deutschland, Österreich oder der Tschechoslowakei jener Jahre zu Hause fühlten, wie sie deren Gesellschaften prägten und von ihnen geprägt wurden.

Die vor allem im Handel und Gewerbe tätigen bürgerlichen Existenzen waren besonders stark von der Inflation und Wirtschaftskrise betroffen. Überall konnte man von der Proletarisierung und Verarmung des deutschen Judentums lesen. Hinzu kam die politische Radikalisierung, die zu Boykottaufrufen gegen jüdische Betriebe führte.

Als Folge der zunehmenden Bedrohung wandten sich viele nach innen und suchten wiederum im Judentum nach Antworten, die ihre assimilierten Vorfahren bereits ad acta gelegt hatten. Franz Rosenzweigs Freies Jüdisches Lehrhaus in Frankfurt vermittelte eine moderne Form jüdischer Erwachsenenbildung und versuchte, die dem Judentum entfremdeten Juden vor allem wieder mit ihren Quellen vertraut zu machen. Als Folge des zunehmenden Antisemitismus schickten immer mehr Eltern ihre Kinder auf jüdische Schulen und organisierten sich jüdische Studenten nun in der jüdischen (sowohl zionistischen wie auch nichtzionistischen) Jugendbewegung. Auch in den Bereichen Kunst und Kultur formierte sich eine kreative Elite.

Das Jahr 1933 brach zwar mit aller Wucht, aber nicht ohne Vorankündigung über die deutschen Juden herein. Die politische und wirtschaftliche Not hatte sich bereits vorher angekündigt. Innerlich hatte sich zumindest ein Teil und vor allem die jüngere Generation wieder auf ihr Judentum berufen. Die jüdischen Gemeinden hatten ein Netzwerk sozialer und kultureller Einrichtungen aufgebaut, die zunächst noch die Not der Stunde lindern konnten. Auch der Zionismus hatte in den zwanziger Jahren an Respektabilität gewonnen, was dazu beitrug, dass zumindest ein Teil der deutschen Juden sofort nach 1933 den Entschluss zur Auswanderung fasste. Andere wiederum wollten und konnten bis zum Schluss nicht glauben, dass von dem Land, als dessen unlösbarer Bestandteil sie sich selbst fühlten, ein tödliches Unheil über sie hereinbrechen würde.

Immerhin hatten die deutschen Juden sechs Jahre Zeit, das Land zu verlassen. Anders war die Situation in den Staaten, über die 1939 der Krieg wie ein Orkan hereinbrach. In Polen allein waren nun über drei Millionen Juden in der Hand der Nationalsozialisten, in ganz Europa an die zehn Millionen. Die Mehrzahl von ihnen sollte die nächsten Jahre nicht überleben. Als die Gaskammern und Verbrennungsöfen ihr Werk vollendet hatte, schien Europa für die wenigen Überlebenden nur noch ein einziger großer Friedhof zu sein. Palästina und seit 1948 Israel sowie Nordamerika waren die Orte der Hoffnung für den Wiederaufbau jüdischen Lebens. In Osteuropa, wo noch nach 1945 antijüdische Pogrome tobten, verblieben zumeist nur diejenigen, die überzeugte Anhänger des Regimes waren oder das Land nicht verlassen konnten. In Westeuropa hatten sich kleinere Gemeinden etabliert, die durch Einwanderung (vor allem von Nordafrika nach Frankreich) anwachsen wollten. In Mitteleuropa war die Zukunft jüdischen Lebens immer mit einem großen Fragezeichen verbunden. Konnten und durften nach dem Holocaust noch Juden in Deutschland leben?

Mit der Ermordung von sechs Millionen Juden sollte das europäische Zeitalter der Juden, dessen Untergang vorher schon eingeleitet wurde, in der Mitte des 20. Jahrhunderts zum Ende gebracht werden. Es verwundert kaum, dass kurz nachdem die restlichen europäischen Juden befreit wurden, einer ihrer wichtigsten Sprecher mit Europa nur noch Assoziationen eines großen Friedhofs verbinden konnte und eine Zukunft undenkbar erschien. Die Zivilisation Europas war für Samuel Gringauz – und der Applaus nach seiner Rede bestätigte, dass er tatsächlich als Sprecher der Befreiten auftrat – nicht durch Westminster Abbey oder Versailles, das Straßburger Münster oder die Kunstschätze von Florenz charakterisiert, sondern durch die Kreuzzüge, die spanische Inquisition, die Pogrome in Russland und die Gaskammern von Auschwitz. Eindeutig rief er die überlebenden Juden dazu auf, dem ganzen Kontinent den Rücken zu kehren: »Adieu Europa!« hieß das Motto seiner Rede.

So wie die Ursprünge jüdischer Geschichte außerhalb Europas liegen, so spielt auch in der Gegenwart Europa keine zentrale Rolle mehr in der jüdische Geschichte, sind Juden auf diesem Kontinent marginal geworden. Zu Beginn des 21. Jahrhunderts leben von weltweit 13 Millionen Juden nur mehr etwas über zwei Millionen in Europa und die Tendenz der Abnahme durch Assimilation und Auswanderung setzt sich fort. Vor wenigen Jahren verfasste der britische Historiker Bernard Wasserstein ein Buch mit dem Titel: »Europa ohne Juden«, in dem er das Ende des europäischen Judentums für die nächsten Jahrzehnte in Sicht glaubt. Es gibt jedoch auch optimistischere Prognosen. Die französische Politologin Diana Pinto etwa sieht die Hoffnung, in einem neuen Europa könnte ein neues europäisches Judentum entstehen, das neben den Vereinigten Staaten und Israel zu einer dritten, wenngleich kleineren, Säule jüdischen Lebens werden könne.

Europa würde ohne nennenswerte jüdische Präsenz zweifellos einen Teil seiner Identität verlieren. Als einzige über ein Jahrtausend lang durch alle Länder verteilte nichtchristliche Minderheit waren die Juden häufig ein internationales und kosmopolitisches Element, Vermittler, Übersetzer und Brückenbauer zwischen den Nationen. Was wäre das moderne Europa ohne Sigmund Freud, Albert Einstein, Franz Kafka oder Arnold Schönberg? Und prägten die namenlosen Juden des galizischen Schtetl, die Hafenarbeiter von Saloniki, die Schneider von Lodz, die Viehhändler aus Franken, die Anwälte und Ärzte aus Berlin-Wilmersdorf, die alle erst in Auschwitz aufeinandertrafen, die Identität Europas nicht ebenso wie ihre christlichen Nachbarn?

Sie waren häufig schon gute Europäer, als dieser Begriff noch kaum existierte und Kosmopoliten, als das Wort noch als Schimpfwort verschrien war. Der Sozialdemokrat Eduard Bernstein rief im 1. Weltkrieg die Juden dazu auf, ihrer traditionellen Vermittlerrolle gerecht zu werden und zum Kriegsende beizutragen; der Schriftsteller Lion Feuchtwanger bezeichnete die Juden als die klassischen Kosmopoliten, und sein Kollege Arnold Zweig sprach von der »Internationalität der Juden«. Es mag eine tragische Ironie des Schicksals sein, dass sie genau unter jenen Schlagworten verfolgt und fast vernichtet wurden, die heute die Zukunft Europas symbolisieren. Hierin mag die Hoffnung für die Zukunft der Juden in einem weltoffenen und kosmopolitischen Europa liegen.

Weiterführene Literatur

Friedrich Battenberg: Das europäische Zeitalter der Juden. 2 Bde. Darmstadt 1990.

Haim Hillel Ben-Sasson (Hg.): Geschichte des jüdischen Volkes. 3 Bde. München 1995.

Michael Brenner: Geschichte des Zionismus. München 2002.

Barbara Beuys: Heimat und Hölle. Jüdisches Leben in Europa durch zwei Jahrtausende. Reinbek 1996.

Mark R. Cohen: Unter Kreuz und Halbmond. Die Juden im Mittelalter. München 2005.

Heiko Haumann: Geschichte der Ostjuden. 4. akt. Auflage. München 1998.

Jakob Katz: Aus dem Ghetto in die bürgerliche Gesellschaft. Frankfurt am Main 1986.

Jakob Katz: Tradition und Krise. Der Weg der jüdischen Gesellschaft in die Moderne. München 2002.

Jakob Katz: Vom Vorurteil bis zur Vernichtung. Der Antisemitismus 1700–1933. München 1989.

Elke-Vera Kotowski und Julius Schoeps (Hg.): Handbuch zur Geschichte der Juden in Europa. 2 Bde. Darmstadt 2001.

Michael A. Meyer (Hg.): Deutsch-jüdische Geschichte in der Neuzeit. 4 Bde. München 1996-1997.

Michael Toch: Die Juden im mittelalterlichen Reich. München 1998.

Iris Pollatschek

ZEUGEN

Flavius Josephus – der Chronist des Untergangs

Flavius Josephus (37/38–nach 100), eigentlich Joseph Ben Mattitiahu, kämpfte als judäischer Feldherr gegen Rom. Nach der Niederlage Judäas nach Rom verschleppt, erwarb er sich dort das römische Bürgerrecht. Josephus gehört zu den wichtigsten Geschichtsschreibern seiner Zeit. Seine Schrift »De Bello Iudaico« ist das Protokoll vom Untergang des jüdischen Staates in der Antike.

Rom vor 1932 Jahren. Beherrscherin des mächtigsten Imperiums der Antike. Zentrum eines unermesslichen Vielvölkerreiches. Herz eines modernen Staatsapparats, dessen Technik, Verwaltung und Armee bis heute beeindrucken. Von Britannien über Gallien und die Iberische Halbinsel bis nach Judäa erstreckt sich das Riesenreich von Kaiser Vespasian. In der Millionenmetropole lebt der römische Schreiber Flavius Josephus. Er steht im Dienst des Kaisers. Der Kaiser und der Schreiber – ihre Wege kreuzten sich nicht erst in Rom. Auf dem Schlachtfeld standen sie sich einst gegenüber.

Ein merkwürdiges Schicksal hat Flavius Josephus nach Rom verschlagen. Er ist 35 Jahre alt, doch seine Augen sind die eines alten Mannes. Geboren wurde er in einer anderen Welt, auf einem fernen Kontinent. In einer Stadt, deren Geschichte noch weiter zurückreicht als die des Ewigen Roms. Er stammt aus Jerusalem – dem Stolz des östlichen Mittelmeers.

Noch vor kurzem hatte der römische Schreiber Flavius Josephus den Namen Joseph Ben Mattitiahu – und war jüdischer Feldherr im Todeskampf des Königreichs Judäa gegen das übermächtige Römische Imperium. Doch dann hat er die Seiten gewechselt.

Ein ungleicher Kampf tobt an der Ostgrenze des Römischen Reiches. Rom ist angetreten, die Welt zu erobern. Mit der Macht seiner Legionen schreibt das Reich blutige Geschichte. Der Niedergang Judäas vom unabhängigen Königreich zur römischen Provinz dauert viele Generationen. Vom Verbündeten Roms über den Vasallenstaat zur Provinz des mächtigen Imperiums – je größer Roms Einfluss wird, desto mehr regte sich der Widerstand in Judäa. Immer wieder treten Propheten und geistige Führer auf, die das jüdische Volk in den großen Kampf gegen Rom führen wollen. Das stolze Königreich Judäa soll nicht eine der zahllosen Provinzen sein.

Zu diesen jüdischen Aufrührern könnten auch Johannes der Täufer und Jesus gehört haben. Und als solche wurden sie von den Römern betrachtet und hingerichtet.

Aber es zieht keine Ruhe ein. Nun wagt das kleine Judäa einen verzweifelten Aufstand. Unabhängigkeit vom großen Rom ist das Ziel. Mit seinen Kameraden führt der Feldherr Joseph Ben Mattitiahu einen Kampf, der schon verloren ist, bevor der erste Pfeil geschossen wird. Als Kriegsgefangener der Römer muss er später mit ansehen, wie der heilige Tempel der Juden im Feuer des Kampfes vergeht und sein Jerusalem in den Staub sinkt.

Nun in Rom muss Flavius Josephus aufschreiben, was ihm widerfuhr. Er will sich und seinen einstigen Feinden erklären, wie es zu jener Katastrophe kam, die er nüchtern den jüdischen Krieg nennt. Flavius Josephus' Werk »Bellum Judaicum« ist das Protokoll des Untergangs des jüdischen Staates der Antike. Es wird ihn zu einem der bedeutendsten Chronisten der jüdischen Geschichte und wichtigsten Geschichtsschreiber seiner Zeit machen.

Die Geschichte des Flavius Josephus beginnt im hügligen Norden Israels – in Galiläa. Hier finden sich noch heute Spuren des römisch-jüdischen Krieges, der vor fast 2000 Jahren das Land verwüstete.

Den Namen Jotaphata kennt heute kaum jemand mehr. Genau dort aber, in Jotaphata, begann der todesmutige Aufstand gegen das große Rom. Herodes, der letzte große König der Juden, hatte die Stadt gegründet. Als wichtiger Handelsplatz, Armeestütz-

Jotaphata in Galiläa.

punkt und Residenz hatte Jotaphata Größe und Bedeutung erlangt.

Als Befehlshaber der Region ist Joseph Ben Mattitiahu nach Galiläa kommandiert worden. Er lässt die Grenzorte befestigen, Vorräte anlegen und Zisternen ausheben. Er sorgt dafür, die Waffen der Aufständischen in einen brauchbaren Zustand zu versetzen, die ärgsten der Banditen, die das Land unsicher machen, zu entwaffnen und, wo dies nicht möglich ist, sie in seine Dienste zu stellen.

Die Stadtmauer von Jotaphata.

Im Kampf unerfahren, militärisch unterlegen aber hoch motiviert – so kämpfen die jüdischen Rebellen unter ihrem Feldherren Joseph Ben Mattitiahu. Immer ihr Ziel vor Augen: ein unabhängiges Königreich Judäa. Zunächst gelingt das Unglaubliche: Ein Sieg über die Besatzungstruppen Roms.

Als nun Kaiser Nero davon Kenntnis bekommt, dass die Römer geschlagen wurden, entsendet er jenen Heerführer nach Judäa, der bereits im Westen und Norden die Germanen besiegt und Britannien erobert hatte: Vespasian. Und dieser enttäuscht das große Rom nicht: Stadt um Stadt fällt in seine Hand. Die jungen Männer lässt er erschlagen oder macht sie zu Kriegsgefangenen. Die eroberten Städte und Dörfer werden geplündert, viele völlig niedergebrannt.

Als Vespasian und seine sieggewohnten Truppen nach Jotaphata vorrücken, wissen Joseph Ben Mattitiahu und seine Krieger: Die Römer kennen keine Gnade mit jenen, die sich einer Eroberung entgegenstellen. Folter, Kreuzigung oder Verschleppung in die Sklaverei erwarten sie als Besiegte.

So gut es geht, haben sich die Verteidiger von Jotaphata auf den Angriff der Römer vorbereitet, überraschend lange trotzen sie den immer wieder anstürmenden römischen Truppen. Mit hundertsechzig Kriegsmaschinen lässt Vespasian Lanzen, Steine und Feuer gegen die Mauern der Stadt schleudern. Doch den schnellen Sieg bringt das nicht.

Am 47sten Tage haben die Römer ihre mit Eisen verkleideten Türme so weit erhöht, dass sie die Mauern von Jotaphata überragen. Ein Überläufer aus der Stadt erzählt ihnen, dass die beste Stunde zum Angriff der frühe Morgen sei, an dem der Schlaf die Wächter übermanne. Vespasian traut dem Deserteur nicht und lässt ihn foltern. Doch mehr will der nicht sagen. Als Vespasian ihn ans Kreuz schlagen lässt, soll er gelächelt haben.

Am nächsten Morgen besteigt Vespasians Sohn Titus mit der dreizehnten Legion lautlos die Mauern; und sie schneiden den Wächtern die Kehlen durch. Die dazugeeilten Wachen kämpfen eine Zeit lang gegen die Übermacht der Römer, doch als sie sehen, dass ihre Lage ohne Ausweg ist, töten sie sich selbst, um nicht in Gefangenschaft zu geraten. Alle Männer, die sich offen zeigen oder Zuflucht in den Höhlen unter der Stadt gesucht haben, werden von den Römern getötet. Frauen und Kinder werden gefangen und als Sklaven verschleppt.

Von 40.000 getöteten Männern schreibt Flavius Josephus in seinem »Jüdischen Krieg«, vielleicht ist diese Zahl übertrieben. Doch als Archäologen die Ruinen von Jotaphata und das historische Schlachtfeld untersuchen, entdecken sie tatsächlich die Spuren eines furchtbaren Gemetzels: Neben Waffen von Römern und Juden finden sie die Knochen tausender Toter – Männer, Frauen und Kinder. Und die Verletzungsspuren an den sterblichen Überresten lassen wenig Zweifel daran, dass sie eines gewaltsamen Todes gestorben sind. Immer wieder finden sich Spuren von Schwerthieben an den Unterarmen und Schädeln der Toten – typische Abwehrverletzungen.

Den jüdischen Feldherrn Joseph Ben Mattitiahu will Vespasian unbedingt lebend fangen. Ihm und wenigen seiner Getreuen ist die Flucht gelungen. Sie halten sich in einer Höhle versteckt. Die Gefährten von Joseph könnten mit ihm in die Gefangenschaft gehen. Es wäre denkbar, dass die Römer ihnen freies Geleit gewähren. Doch sie wollen im Kampf gegen Rom siegen oder sterben. Sie entscheiden sich für den kollektiven Selbstmord. Joseph versucht, sie davon abzubringen, doch vergebens. Sie stellen ihn vor die Wahl, sich selbst zu töten oder als Verräter hingerichtet zu werden.

Da sie sich nun entschlossen hatten, schlägt er ihnen vor, dass das Los entscheiden solle. Der Erste würde vom Zweiten, der Zweite vom Dritten getötet werden, bis sie alle ihr Leben beendet hätten. Einen Tonkrug zerschlagen Josef und seine Männer. Auf die Scherben schreiben sie ihre Namen. Jene Scherben – Ostraka genannt – sollen nun darüber entscheiden, wer wen töten muss. Der Feldherr Joseph erlebt ein blutiges Schauspiel. Einer nach dem anderen löschen die Männer in der Höhle ihre Leben aus. Joseph muss ein ums andere Mal zusehen, bis er am Ende übrig bleibt.

Doch Joseph, der Kommandant, ist nicht bereit, den anderen in den Tod zu folgen. Stattdessen läuft er zu den Römern über.

Getreu seinem Befehl hat Joseph als Heerführer alles getan, um seinen Truppen zum Sieg zu verhelfen. Auch wenn er von Anfang an ahnt, dass es ein beinahe aussichtsloses Unterfangen ist, die Truppen Roms dauerhaft zu besiegen, hat er stets sein Bestes getan. Er ist sogar bereit gewesen, im

Die Klagemauer an der Westseite des zerstörten Jerusalemer Tempels.

Kampf gegen den übermächtigen Feind zu sterben, doch dazu ist es nun nicht gekommen. Der Kampf ist verloren und so erscheint ihm der Selbstmord als sinnloses Opfer. Als Verräter an seinem Volk, als Feigling im Angesicht des Todes haben viele ihn deswegen geschmäht. Doch hätte auch Joseph Ben Mattitiahu den Tod gewählt, die Nachwelt wüsste nichts vom Todeskampf des letzten jüdischen Staates vor beinahe zweitausend Jahren.

Nach seiner Gefangennahme wird der jüdische Feldherr Joseph zum römischen Feldherrn Vespasian geführt. Der hat strikte Order, den gefangenen Aufrührer dem Kaiser in Rom vorzuführen. Doch dazu kommt es nicht. Joseph Ben Mattitiahu sagt Vespasian voraus, dass er selbst in Kürze zum obersten Herrscher des Römischen Reiches aufsteigen würde. Und was sich anhört wie die Schmeichelei eines um sein Leben fürchtenden Gefangenen, stellt sich als richtige Prophezeiung heraus.

Aus dem jüdischen Feldherrn Joseph Ben Mattitiahu wird Flavius Josephus, der Schreiber. Er ist wertvoll für die Römer, zieht in ihrem Gefolge durch Judäa, ist bei den Verhören von Gefangenen und Überläufern anwesend. Er übersetzt, vermittelt und versucht die jüdischen Aufständischen davon zu überzeugen, ihren vergeblichen Kampf zu beenden – lieber unter römischer Herrschaft zu leben als für die aussichtslose Idee vom unabhängigen jüdischen Staat zu sterben.

Auch nach Jerusalem kommt Flavius Josephus im Gefolge der römischen Truppen. Ein mächtiges Bauwerk beherrscht das Bild, aber auch das Leben der Stadt – der jüdische Tempel. Ein heiliger Ort und in der antiken Welt wegen seiner Schönheit und Größe berühmt. Unglaubliche Geschichten ranken sich um ihn. Die tausend Jahre alten Schätze König Salomos sollen hier verborgen sein. Von unterirdischen Kammern, Kanälen und Zisternen wird berichtet.

Im Innersten des Tempels liegt das Allerheiligste, ein Raum, den niemand außer dem Höchsten der Hohepriester betreten darf. Die Juden, so wird geraunt, sollen dort einen goldenen Eselskopf anbeten. Doch anders als in ägyptischen oder römischen Tempeln ist hier kein Standbild. Denn er ist dem Einen, unbenennbaren Gott geweiht, von dem man sich kein Bild machen soll. Das trennt die Juden früh von den anderen Völkern der Antike. Die Verehrung des römischen Kaisers als Gott – für die Römer der Kaiserzeit selbstverständlich – ist für die Juden unerträglich. Einer der Gründe für ihren Aufstand gegen die römische Besatzungsmacht.

Und hier in Jerusalem wird Flavius Josephus zum Augenzeugen des blutigsten Kapitels des jüdischen Krieges – der Eroberung der Heiligen Stadt.

Was empfindet Flavius Josephus, als er große Teile seiner Heimatstadt allmählich in Schutt und Asche sinken sieht? Immerhin wissen wir, dass er die Anführer der Aufständischen verachtet, die sogar den Tempel anzünden, um ihn nicht in die Hände der Römer fallen zu lassen.

Vespasian ist nun Kaiser. Sein Sohn Titus führt die römischen Truppen gen Jerusalem. Als man Titus meldet, dass der Tempel brenne, befiehlt er den Sturmangriff. Die Massaker, die sich nun ereignen, sind furchtbar. Zehntausend werden an jenem Tag von den Römern niedergemacht, unter ihnen Frauen und Kinder, die im Tempel Zuflucht gesucht hatten. Priester, die auf das Dach geklettert waren, bewerfen von dort die Römer mit Lanzen und springen, als ihnen jeder Ausweg versperrt ist, in die Flammen, um mit ihrem Tempel unterzugehen. So beschreibt Flavius Josephus die Schlacht in Jerusalem.

Nach drei Tagen sind die Kämpfe im Tempel vorüber. Der Tempelschatz fällt den Römern vollständig in die Hände. So viel Gold haben Titus und seine Soldaten erbeutet, dass der Goldpreis zeitweilig um die Hälfte sinkt.

Die Zerstörung des Jerusalemer Tempels: Der entscheidende Wendepunkt in der jüdischen Geschichte. Von nun an haben die Juden keinen konkreten Ort mehr, an dem sich ihr Glaube festmachen lässt. Denn nach der Zerstörung des Tempels kann Gott dort nicht länger wohnen. Der jüdische Staat zerschlagen, der Tempel zerstört – zwangsläufig verliert der jüdische Glaube seine Bindung an einen realen Ort. Stattdessen wird die Thora, die jüdische Bibel, nun zur Heimat der Juden.

Zusammen mit den Truppen des großen Imperiums geht Josephus nach

Rom. Bis heute zeugt der Titusbogen vom Ende des jüdischen Staates. Und von der Beute, die dabei gemacht wurde. Für die Nachwelt festgehalten in einem beeindruckenden Relief.

Flavius Josephus ist dabei, als die Priester aus Jerusalem in Ketten durch Rom geführt werden. Er sieht die gierigen Blicke der johlenden Menge auf die Menora, den siebenarmigen goldenen Leuchter, auf die kostbaren Gewändern der Priester und die goldenen Tische und Kultgegenstände aus dem Tempel. Doch Flavius Josephus erlebt nicht nur die größte Schmach der Juden in der Antike, er kommt auch in das wichtigste jüdische Zentrum Europas.

Belege für das Leben der Juden in der antiken Metropole Rom finden wir unter der Ewigen Stadt – in den Katakomben. Schon vor mehr als 2.000 Jahren leben etwa 50.000 Juden in der Hauptstadt des römischen Weltreiches. Anders als die römischen Heiden verbrennen die Juden ihre Toten nicht, sondern begraben sie hier in den Höhlen vor der Stadt. Diese Tradition wird bald von den ersten Christen fortgeführt. Die Inschriften und Zeichnungen – einst den Toten gewidmet – geben uns heute unschätzbare Informationen über das jüdische Leben in der antiken Weltstadt.

Die Juden bringen den Glauben ihrer Väter an den einen allmächtigen Gott und seine Gebote nach Rom. Sie leben in einer Zeit, in der sich das römische Imperium ausdehnt und immer neue Kulturen aufsaugt. Anders als die Römer, die die Menschen in Bürger und Sklaven unterteilen, feiern die Juden jede Woche die Gleichheit aller vor dem Gesetz Gottes. Deshalb ruhen am Shabbat Herr und Knecht, Tier und Feld. Eine ketzerische – und verführerische Idee. Viele Römer wollen zum Judentum konvertieren. Das römische Establishment sieht sich durch diese Entwicklung bedroht und reagiert aufs Schärfste – bis zur Todesstrafe reichen die Restriktionen. Und auch unter den Juden ist ein Streit entbrannt, zwischen jenen, die nach den Gesetzen der Väter leben und damit unter sich bleiben wollen und jenen, die sich den orientierungslosen Heiden öffnen wollen – unter Verzicht auf einen Großteil der Gebote. Einer der Juden, die bereit sind, den römischen Heiden mit ihren vielen Göttern das Befolgen der Gebote zu »ersparen«, ist Paulus. Doch dafür müssen die Bekehrten den Glauben an den einen Gott und Jesus als Messias annehmen. Paulus, der als Shaul aus Tarsus geboren wurde, geht nach Rom fast zur gleichen Zeit wie Flavius Josephus und wird hier zum Begründer des Christentums.

Doch so, wie die heute sprichwörtliche Wandlung des Saulus zum Paulus als Sinnbild für den geläuterten Menschen steht, gilt er den Juden bis heute als derjenige, der die Lehre und die Gebote, und damit den Kern des Judentums, preisgab. Erleuchtung oder Verrat, Sinneswandel oder Abfall

Flavius, der Schreiber, versucht, die aufständischen Juden von ihrem Kampf gegen Rom abzuhalten.

vom wahren Glauben – für Flavius' und Paulus' Lebenswege kann man diese oder jene Perspektive wählen.

Ohne Flavius' Nein zur Selbsttötung wüssten wir heute kaum von einer der größten Katastrophen des jüdischen Volkes und nichts vom Verlust des Königreichs Judäa. Für fast 2.000 Jahre wird es keinen jüdischen Staat mehr geben, Flavius' Werk ist schon deswegen eine unschätzbare Quelle. Und es ist neben seiner historischen Bedeutung auch das Dokument einer privaten Tragödie: Am Anfang von Flavius' Leben glauben die Juden, Gott wohne in Jerusalem, da der Tempel als Gottes Haus betrachtet wurde. Am Ende seines Lebens wohnt dort eine Legion Roms.

Viele Jahre noch lebt Flavius Josephus, der Schreiber des Kaisers, in Rom. Wie dort sein Alltag aussah, darüber ist nichts bekannt. Aber er hat der Nachwelt berichtet, dass seine Welt unterging und wie es dazu kam.

Raschi –
Glanz und Untergang der Gemeinden des Rheinlands

Rabbi Schlomo Ben Jitzchak, genannt Raschi (1040–1105), studierte während der Blütezeit der jüdischen Gemeinden am Rhein in Mainz und in Worms. Er ist der wichtigste Kommentator der hebräischen Bibel im Mittelalter. Seine Auslegungen zum Babylonischen Talmud wurden zum Kommentar schlechthin.

Wir schreiben das Jahr 1095. Wie ein Lauffeuer geht es durch Europa: Mohammeds Anhänger in Jerusalem, am Grab des Erlösers Jesus Christus! Die Ungläubigen müssen besiegt werden! – so beschwört Papst Urban die Christenheit. Hunderttausende brechen auf zum heiligen Kreuzzug, wild entschlossen, ihre christlichen Brüder zu befreien. Die ersten Opfer der Kreuzfahrer aber werden ihre jüdischen Nachbarn – überall in Europa. Denn auch die Juden wollen Jesus, den Herrn, noch immer nicht annehmen – und werden so zur Zielscheibe des tödlichen Hasses.

Die Geschichte von Raschi, wie Rabbi Schlomo Ben Jitzchak von Juden in aller Welt genannt wird, ist eng verbunden mit dem ersten Kreuzzug. Und das, obwohl er selbst nie vor dem unheiligen Zorn jener Zeit um sein Leben fürchten musste.

Troyes, ein Marktflecken in der Champagne. Wieder und wieder hat Rabbi Schlomo Ben Jitzhak die furchtbaren Berichte gelesen, die ihm Rachel, seine Tochter, vor Stunden vom Markt mitgebracht hat. Der größte jüdische Gelehrte seiner Zeit ist verzweifelt. Im fernen Rheinland – so liest er –

Der älteste noch existierende jüdische Friedhof in Worms.

ist vom hellen Glanz der jüdischen Gemeinden nichts geblieben. Nur Tod und Zerstörung herrschen jetzt dort. Mainz, Worms, Speyer – für Rabbi Schlomo Ben Jitzchak sind das keine fremden Orte. In seiner Jugend hat er dort viele Jahre studiert und gelebt. Nun zerreißt es ihm fast das Herz, als er von den blutigen Orgien gegen die Juden liest: 11 Tote in Speyer, 800 in Worms, 1.100 in Mainz. Die Schreckensnachrichten wollen kein Ende nehmen.

Und unter den Opfern der Pogrome in den rheinischen Städten, das erfährt Rabbi Schlomo Ben Jitzchak bald, sind viele seiner ehemaligen Studienfreunde – allesamt große Gelehrte, so wie er.

Voller Wehmut erzählt der Rabbi seiner Tochter Rachel von seiner Zeit am Rhein, als Juden und Christen gemeinsam die Städte aufbauten und zum Blühen brachten. Geschichten wie aus einem fernen, anderen Leben.

Als 18-Jähriger beschloss er, das heimatliche Troyes zu verlassen und den langen, beschwerlichen Weg ins Rheinland auf sich zu nehmen. Ruhig und beschaulich ist das Leben des jungen Schlomo Ben Jitzchak bis dahin gewesen.

Mit Weinbau und Weinhandel hat es sein Vater zu bescheidenem Wohlstand gebracht. Gerade erst erwachsen, verlässt Schlomo das Haus seiner Eltern. Er verlässt seine junge Frau, mit der er erst seit kurzem verheiratet ist. Und er verlässt seine Mitschüler, mit denen er gemeinsam aufwuchs und die Thora studierte.

Zweimal im Jahr ist Markt in Troyes. Der junge Shlomo Ben Jitzhak sucht einen Händler, der bereit ist, ihn mitzunehmen an den Rhein. Aus England, Spanien, Russland und sogar aus dem fernen Orient kommen Kaufleute hier vorbei. Hoffentlich wird ihn einer zum Reisegefährten machen. Dann kann sein Traum endlich Wirklichkeit werden.

Warum bricht er die Brücken hinter sich ab? Die Reise ist lang und gefährlich, die Wege vom heimatlichen Troyes bis ins Rheinland unsicher. Seine abenteuerliche Fahrt hat nur ein Ziel: Lernen und Wissen erwerben.

Nach langer und beschwerlicher Reise kommt er endlich am Rhein an. Dort wird er für etwa zehn Jahre bleiben, die erste Zeit an der Talmudschule von Mainz studieren, danach an der von Worms.

Noch als alter Mann erinnert er sich, wie beeindruckt er war – vor allem von Worms. Überall wurde gebaut. Das größte Bauwerk war der Dom, der alle anderen Häuser bei weitem überragte.

Bis heute beherrscht der Wormser Dom unübersehbar die Stadt, erst recht zu Zeiten der mittelalterlichen Boomtown. Als Schlomo Ben Jitzchak vor fast tausend Jahren nach Worms kommt, leben die Juden inmitten der Stadt. Er fühlt sich zu Hause in Worms, denn vieles erinnerte ihn an seine Heimatstadt. Unter dem Schutz des Bischofs bauen Juden und Christen hier gemeinsam an der Stadt – so wie in Troyes.

In klugem Kalkül haben die Bischöfe am Rhein damals die Juden in ihre Ortschaften geholt. Deren Geschäftstüchtigkeit und Handelskontakte, aber auch ihre Loyalität sollen die Städte zum Blühen bringen. Viele Juden folgen tatsächlich diesem Ruf. Ganz selbstverständlich lassen nun die Baumeister des Wormser Doms auch die Synagoge erstehen. Sogar für die Verteidigung der Stadt sind die Juden mitverantwortlich – ein außergewöhnlicher Vertrauensbeweis. Von der Treue der jüdischen Untertanen soll sich schon bald König Heinrich IV. überzeugen können. Als er vor aufständischen Fürsten fliehen muss, öffnen die Wormser Juden ihm die Stadttore. Mit einem Zollprivileg dankt er es den »Juden und den übrigen Wormsern« im Jahre 1074.

Aus gutem Grund hat der junge Schlomo Ben Jitzchak sich also an den Rhein begeben. Und hier, inmitten einer blühenden jüdischen Gemeinde, will er nun seinen Wissensdurst stillen und Talmudschüler werden. Denn Worms und Mainz, oder – wie sie von Juden damals genannt werden – Warmaisa und Magenza, diese Namen haben einen besonderen Klang in der Welt des 11. Jahrhunderts. Als Zentren einer jüdischen Gelehrsamkeit, die damals ihresgleichen sucht. Der Ruhm ihrer Schulen übersteigt selbst den der großen Talmudakademien im fernen Babylonien. An den Lehrhäusern des Rheinlands mochte Raschi nun lernen und seine Kenntnisse in Thora und

Talmud, in jüdischer Religion und den Gesetzen, vervollständigen.

Gegensätzlicher können die Talmudschulen des Rheinlands und Babyloniens kaum sein. Hier sind es kleine Lehrhäuser, an denen die Schüler zu Fragen ermuntert werden, die Lehrer keine unfehlbaren Autoritäten sind und in beinahe familiärer Atmosphäre Wissen vermittelt und erworben wird. Im fernen Babylonien dagegen sind die Schulen Ehrfurcht gebietende Akademien, in denen die Schüler nach strengen Regeln lernen und ihre Lehrer niemals direkt etwas fragen dürfen.

Rabbi Schlomo Ben Jitzchak kommt ins Schwärmen, wenn er an seine Lehrjahre am Rhein denkt. Eine ungetrübte und friedliche Zeit erlebt er dort als junger Mann. Über dem Lernen und inmitten der anderen Talmudschüler fühlt er sich wohl und geborgen.

Der junge Schlomo Ben Jitzchak ist ein wissbegieriger Schüler. Tag und Nacht studiert er die Schriften und betet. Der Lehrstoff, der ihn fasziniert, ist alt, uralt.

Vor über dreitausend Jahren erhielten Moses und die Kinder Israel von Gott die Thora, die jüdische Bibel – so hat es die Tradition festgehalten. Doch zum Verständnis der Thora bedarf es der mündlichen Lehre, der Auslegung, die bis zur Offenbarung am Berg Sinai, bis zu Moses, zurückreicht. Diese Auslegungen sind niedergeschrieben im Talmud. Ein Geflecht aus Geschichten und Anekdoten, eine Sammlung von Rechtsentscheiden und Diskussionen der Rabbiner über Generationen hinweg. Wie Jahresringe liegen die Kommentare um den alten Text. Oft stehen ganz unterschiedliche Meinungen zu einer bestimmten Streitfrage nebeneinander.

Nicht weniger groß als der Lehrstoff, der vor ihm liegt, ist Shlomo Ben Jitzchaks Wissensdurst. Lernen, Streiten, eigene Gedanken entwickeln – all das tut er mit Hingabe und unübersehbarem Talent.

Später werden Historiker von der Aufbruchstimmung jener Zeit berichten, in der der junge Talmudschüler aus Troyes nach Mainz und Worms kam. Nur wenige Jahrzehnte vor dem Beginn der Kreuzzüge, die Tod und Verderben über die jüdischen Gemeinden am Rhein bringen sollen, herrscht hier noch eine friedliche Atmosphäre. Ganz selbstverständlich arbeiten christliche und jüdische Gelehrte Hand in Hand. Keine erbitterte Feindschaft, sondern gegenseitige Befruchtung. Heute weiß man, dass es sogar eine Arbeitsteilung gab, wenn Handschriften für die jüdische Bibel, die Thora, entstanden: Während jüdische Gelehrte den hebräischen Text schreiben, übernehmen in der Illustration erfahrene christliche Mönche die Bebilderung der Texte durch Miniaturen. Und selbst der Wechsel des Glaubensbekenntnisses ist zu jener Zeit durchaus möglich. So wird von Übertritten von Juden zum Christentum berichtet, aber mehr noch von Christen zum Judentum.

Manche Spuren jüdischen Lebens aus jener Blütezeit wären ohne detektivischen Spürsinn wohl unentdeckt geblieben. In Speyer, der jüngsten der drei berühmten jüdischen Gemeinden am Rhein, stehen die Überreste einer Synagoge. Doch die Ruine ist ein stummer Zeuge. Die Details ihrer Geschichte verstecken sich zwischen den einzelnen Steinen. Die vermeintlich nichts sagenden Fugen aber offenbaren den Wissenschaftlern, die sie unter die Lupe nehmen, durchaus ihr Geheimnis. Sie bringen die Steine zum Reden. Wie wurde gebaut, welche Umbauten kamen später hinzu – in den Baufugen versteckt liegen die Antworten.

So kann jüdische Geschichte am Rhein zwischen dem 11. und 16. Jahrhundert anhand eines Gebäudes nachvollzogen werden. Wir erfahren: Am Anfang steht die Synagoge noch sehr selbstbewusst da. Ein solider Bau, in seinen Details dem Dom sehr ähnlich – wie in Worms, nicht von armen Leuten gebaut. Spätere Umbauten der Synagogenfassade sind eher schlicht, man könnte fast von schlechter Bauausführung sprechen. Innen hingegen bleibt der Bau sehr prächtig.

Für den auffälligen Unterschied in späteren Jahrhunderten gibt es eine schlüssige Erklärung: Mit dem schmucklosen, schlichten Äußeren soll das jüdische Gotteshaus offenbar so wenig Aufmerksamkeit wie möglich auf sich ziehen, ein Reflex auf die versteckte, aber auch immer wieder offen ausbrechende Feindschaft gegenüber den Juden. Die Synagoge duckt sich förmlich weg, nur nach innen erlaubt man sich baulichen Schmuck. Doch zu Zeiten des jungen Schlomo Ben Jitzchak liegen solch schlechte Erfahrungen noch in weiter Ferne.

Die Gemeinden am Rhein vergisst Raschi sein Leben lang nicht. Mit zahllosen Briefen, aber auch durch seltene Besuche erhält er den Kontakt zu den einstigen Weggefährten an den rheinischen Talmudschulen aufrecht. Vor allem aber kommt er mit dem Wunsch zurück, sein Wissen weiterzugeben.

Zurück in Troyes, gründet Raschi mit gerade erst dreißig Jahren ein Lehrhaus. Seine Studenten lernen, die heiligen Texte und ihre Auslegung im offenen Streitgespräch zu diskutieren. Aber auch Astronomie, Biologie, Physik, Geographie, Medizin und praktische Seiten des Wirtschaftslebens gehören zum Lehrstoff. Denn die meisten Studenten der Jeschiwa, der Talmudschule, sind gestandene Männer, oft erfolgreiche Geschäftsleute und als Söhne jüdischer Eltern ganz selbstverständlich schon von Kindesbeinen an mit Bildung aufgewachsen. Modernität und Weltoffenheit einerseits, aber auch Traditionstreue im Umgang mit talmudischen und biblischen Texten prägen das Lernen an der Schule von Raschi – ganz so, wie er es einst selbst als Talmudschüler im Rheinland erlebt hat.

In der Talmudschule Frankfurt.

Raschis eigene Auslegungen zu Bibel und Talmud werden bald in der ganzen jüdischen Welt berühmt. Und sie haben ihn unsterblich gemacht. Bis heute sind seine Kommentare die Grundlage des traditionellen Bibelstudiums für Juden in aller Welt. Systematisch legt er den Text aus – kurz, prägnant und einleuchtend. Durch ihn und seine Kommentare, so sagen die Rabbiner, werden die heiligen Schriften vor dem Vergessen gerettet. Und das in einer Zeit, in der die Heimat und Identität der Juden vor allem in den Schriften weiterlebt.

Seine Auslegungen sind aber noch aus einem anderen Grund bis heute von hohem Wert. Damit seine Kommentare auch verstanden werden können, fügt er immer wieder französische Vokabeln ein. Zirka 3.500 altfranzösische Worte verwendet er in seinem Talmudkommentar, im Bibelkommentar 1.300. Damit ist Raschi auch für die Erforschung des mittelalterlichen Französisch eine wertvolle Quelle.

Von weither wird er um Rat gefragt – bis nach Italien und Nordafrika reicht sein Ruf. Seine Rechtsgutachten zeichnen ein lebendiges Bild einer Zeit, über die wir sonst nur wenig wissen.

Ganz unterschiedliche Aspekte des Lebens der jüdischen Minderheit werden in ihnen geschildert: Darf Fleisch, das von einem nichtjüdischen Metzger beschaut wurde, auch an Juden verkauft werden? Wenn eine verheiratete jüdische Frau nach der Zwangstaufe einen Christen heiratet, später aber wieder zum Judentum zurückkehrt, von welchem Mann muss sie sich trennen? Muss ein jüdischer Händler Lösegeld für seinen entführten Kompagnon an christliche Geiselnehmer zahlen? Fragen, die heute seltsam anmuten, doch damals mitten aus dem Leben gestellt werden.

Auch in seiner Gemeinde ist er als Richter sehr gefragt. Doch sein Geld verdient Raschi – wie schon sein Vater – mit dem Anbau von Wein. Sein Leben ist wenig aufregend zwischen Weinberg und Gemeinde, zwischen Lehrhaus und Familie, doch er kann seine Frau und seine drei Töchter versorgen. Die drei Mädchen unterrichtet er selbst. Sie können lesen, schreiben und rechnen – unter den Christen jener Zeit undenkbar.

Ein friedliches Leben. Bis sich im Jahr 1096 fromme Mönche, abenteuerlustige Ritter und hungrige Bauern zusammenrotten und den Kreuzfahrerheeren anschließen, die das Heilige Land und Jerusalem aus der Hand der Ungläubigen befreien wollen.

Wie ein furchtbarer Schicksalsschlag treffen Raschi die Berichte aus dem fernen Rheinland:

»Und jetzt, nachdem die Söhne des heiligen Bundes getötet worden waren, kamen die Unbeschnittenen über sie, um die Opfer auszuziehen und sie aus ihren Häusern zu entfernen. Sie warfen sie nackt aus den Fenstern auf die Erde, bis sie sich in Bergen auftürmten. Und einige, die man hinausgeworfen hatte, lebten noch: Ihre Seele war noch mit dem Körper verbunden. Und sie bedeuteten ihnen mit ihren Fingern: ›Gebt uns Wasser zu trinken.‹ Und als die Unbeschnittenen sahen, dass einige noch am Leben waren, sagten sie diesen: ›Lasst Euch taufen, dann werden wir Euch Wasser geben, und ihr werdet gerettet werden.‹ Sie schüttelten die Köpfe, denn sie wollten sich nicht mit der Taufe beschmutzen. Die Sterbenden richteten ihren Blick gen Himmel und deuteten mit ihren Fingern auf den Einen Gott, gelobt sei sein Name, doch kein Wort kam aus ihren Mündern. Zu zahlreich waren die Wunden, die Ihnen zugefügt wurden. Und ihre Peiniger fügten ihnen weitere Wunden zu, solange, bis man sie ein zweites Mal erschlagen hatte.«

Worms, Mainz, Speyer – der Glanz der berühmten jüdischen Gemeinden wird verlöschen. Verzweifelt fleht Raschi die Thora an: »Wer zerriss dein Pergament und zertrampelte deine Schriften, wer zerstörte deine Synagogen in rasender Wut? Bitte den Ehrfürchtigen, dass er heilt und erlöst, dass er unter jenen, die ihn erzürnen, sammelt sein verstreutes Volk.«

Um viele Jahre wird Raschi in Troyes die Zeit der Kreuzzüge überleben, sein Schmerz und die Trauer über das, was an den Orten seiner Jugend geschah, wird ihn nicht mehr loslassen. Und er wird auch nicht mehr jene jüdischen Gemeinden am Rhein bereisen, die er viele Jahre als seine zweite Heimat betrachtet hatte.

1553. Eine Frau auf der Flucht ins Osmanische Reich, nach Konstantinopel. Viele Namen hat sie getragen. Beatrice de Luna, Doña Gracia Mendes, Hannah Nasi. Eine beeindruckende und erfolgreiche Frau an der Spitze eines riesigen Handelsimperiums. Hinter ihr liegt eine lange und abenteuerliche Odyssee. Lissabon, London, Antwerpen, Venedig und Ferrara sind nur einige Stationen ihres aufregenden Lebensweges. Das eine Mal flieht sie vor gekrönten Häuptern, ein anderes Mal steht sie unter ihrem Schutz. Ihre Geschichte beginnt in Lissabon.

Lissabon im Jahr 1528. Die junge Gracia, Tochter einer wohlhabenden Familie, gibt ihrem Bräutigam, Francisco Mendes, das Jawort. Francisco Mendes – einer der reichsten Männer Lissabons – ist Erbe des großen internationalen Mendes-Handelshauses, Freund und Finanzier des portugiesischen Königs Joao. Vielleicht ist der König sogar bei der Hochzeit anwesend. Vom Prunk und den hohen Gästen einmal abgesehen, erscheint die Hochzeit wie jede christliche Trauung im Lissabon jener Zeit. Doch der katholischen Heiratszeremonie folgt ein anderer Ritus.

In kleinem Kreise, unter dem Traubaldachin spricht der Bräutigam eine uralte Formel: »... harei at mekudeschet li kedat Mosche ve Jisrael.« – »hiermit bist Du mir getraut nach dem Glauben Moses und Israels«.

Doña Gracia Mendes (1510–1569) leitet eines der erfolgreichsten Handelshäuser ihrer Zeit und ist zugleich eine Gejagte: Ein halbes Leben lang flieht sie vor der Inquisition und findet erst im Osmanischen Reich Ruhe.

Gracia und Francisco Mendes sind nun nach altem jüdischen Gesetz Mann und Frau. Die jüdische Hochzeitszeremonie muss im Geheimen stattfinden, denn seit 1497 sind jüdisches Leben und jüdische Tradition in Portugal verboten. Sowohl Braut als auch Bräutigam stammen aus Familien, die unter Zwang vom Judentum zum Christentum übertreten mussten. Conversos nennt man sie. Im Geheimen ist Francisco Mendes der Rabbiner der zwangsgetauften Juden von

Das Brautpaar Mendes bei der christlichen Trauung.

Lissabon. Am Tag der Hochzeit ahnt noch niemand, was schon bald kommen wird: die Inquisition mit all ihren Schrecken, wie im benachbarten Spanien. Mit ihren Spitzeln, Folterknechten und Scheiterhaufen. Bald wird sie auch in Portugal jene Juden jagen, die trotz Zwangstaufe dem Glauben ihrer Väter treu geblieben sind. So wie Doña Gracia und Francisco Mendes. Ein Leben im Schatten der Inquisition.

Die jüdische Trauungszeremonie.

Doña Gracias Lebensgeschichte spiegelt die Wirren der Zeit, denen die Conversos im 16. Jahrhundert ausgesetzt sind. Nach außen machen Gracia und Francisco Mendes als gute Katholiken und wohlhabende Kaufleute von sich reden. Der Mendes-Clan verdient sein Geld im Handel mit Silber, Gewürzen und Edelsteinen. Auf Schiffen kommen Spezereien und edle Steine aus Indien. Und immer, wenn ein solches Schiff ankommt, wird Silber benötigt – das bevorzugte Zahlungsmittel der Inder. Dann steigen die Silberpreise. Wer, wie Francisco Mendes und seine Brüder, Silber kauft, wenn es billig ist, wird reich belohnt. Den geschäftstüchtigen Mendes-Brüdern gelingt es sogar, dem portugiesischen König Joao das Pfeffermonopol abzukaufen. Der Handel mit der Neuen Welt – eine der wenigen Erwerbsmöglichkeiten für zwangsgetaufte Juden – sorgt für raschen Wohlstand.

Nie wird Doña Gracia die kurze Zeit des Glücks in Lissabon vergessen. Doch lange lassen sich die Sorgen von Gracia und Francisco nicht fernhalten. Die Geschäfte gehen glänzend, dennoch geraten sie zunehmend in Bedrängnis. Alle Zwangsgetauften – selbst Reiche und Privilegierte – dürfen Portugal unter dem zunehmenden Druck der Inquisition weder verlassen noch ihren Besitz außer Landes bringen. Selbst die, die weltweit Handel treiben, sitzen jetzt in Lissabon in der

Falle. Die Lage spitzt sich zu und schon ein Jahr nach der Geburt ihrer Tochter Ana nimmt das Leben von Doña Gracia eine schreckliche Wendung.

1535. Francisco Mendes ist vom Tod gezeichnet. Seit Jahren hat er seinen ganzen Einfluss auf den portugiesischen Hof und den Vatikan geltend gemacht, um die Einführung der Inquisition in Portugal zu verhindern. Jetzt sind seine Kräfte aufgezehrt.

»Bring meine Knochen nach Jerusalem, in die Heilige Stadt« – das ist die letzte Bitte von Francisco Mendes an seine junge Frau. Sein letztes Bekenntnis zum Judentum und eine Bitte, die sie nie vergessen wird. Franciscos Tod lässt Gracia zurück als Erbin des Handelshauses Mendes. Ein riesiges Vermögen in den Händen einer scheinbar hilflosen Witwe – das ruft Portugals König Joao auf den Plan. Scheinbar großmütig und edel gesinnt bietet der Monarch der jungen Witwe an, ihre Tochter am königlichen Hof aufwachsen zu lassen. Eine Ehre, die man kaum abschlagen kann – und der sicherste Weg für den König, an das beachtliche Vermögen der miterbenden Halbwaise Ana zu gelangen. Und zugleich ihre Mutter und deren Besitz an Portugal zu fesseln. Das geschieht zu einer Zeit, in der die Inquisition immer härter zuschlägt.

Doña Gracia bleibt nur die sofortige Flucht. Sie nimmt für immer Abschied von Portugal. Monatelang währt ihre Odyssee: Lissabon – Bristol – London – Dover – Calais. Erst in Antwerpen kann sie zur Ruhe kommen.

Die flandrische Metropole atmet das Selbstbewusstsein und den liberalen Geist einer reichen Kaufmannsstadt. Ihr Aufblühen verdankt sie auch den Exilanten aus Spanien und Portugal. Und solange die Conversos sich nicht öffentlich als Juden bekennen, lässt man sie in der katholischen Stadt in Ruhe.

In Antwerpen leitet Diego Mendes, Doña Gracias Schwager und Partner ihres verstorbenen Mannes, die Geschäfte des Handelshauses Mendes. Antwerpen ist mit dem Überseehandel reich geworden, mit Geschäften, wie sie die Mendes-Familie macht. Und hier gibt es seit kurzem den ersten Börsenplatz Europas. Der richtige Ort für die junge Witwe Gracia, das Handelsgeschäft zu erlernen. Und anders als in Portugal ist es hier nicht ungewöhnlich, wenn Frauen die Geschäfte führen. In wenigen Jahren eignet sich Doña Gracia das notwendige Wissen an, um ihr Erbe zu bewahren und zu vermehren.

Ohne Zweifel ist Dona Gracia zu ihrer Zeit die erfolgreichste Geschäftsfrau Europas. Ihren wirtschaftlichen Erfolg sieht sie nicht als Selbstzweck an, sondern als Verpflichtung. Sie nutzt ihr Geld und ihre Geschäftsbeziehungen, um der ständig steigenden Zahl jüdischer Flüchtlinge von der Iberischen Halbinsel zu helfen.

1540 erreicht der Flüchtlingsstrom aus Portugal seinen Höhepunkt. Auf Handelsschiffen über England, Calais und Antwerpen in das Osmanische Reich, geht die Reise der Conversos, oft auf stürmischer See und immer in der Furcht vor Piraten. Die Flucht ist gefährlich und unglaublich teuer: Soldaten, Beamte, Matrosen und Kapitäne – alle müssen bestochen werden. Und jeder kann sie verraten.

Wenn die Flüchtlinge in Antwerpen ankommen, sind sie nahezu mittellos. Das wenige, was sie noch hatten, nimmt ihnen Antwerpens Zollbehörde ab. Über hunderttausend Kronen, so wird geschätzt, flossen so in die leeren Kassen von Kaiser Karl V., seinerzeit Herrscher über halb Europa.

Der Vlaeykensgang in Antwerpen, eine schmucklose, kaum zwei Meter breite Gasse, vermittelt heute noch ein Bild von den Armenvierteln der Stadt im 16. Jahrhundert. In Gassen wie dieser kommen die seekranken, geschwächten und hungrigen Ankömmlinge unter. Jede Spende ist willkommen. Und Doña Gracia erwirbt sich hier schnell den Ruf, die Freigiebigste unter den jüdischen Kaufleuten zu sein. Mit einer BOURSE DE CHARITÉ – einer Almosenbörse – sorgt das Handelshaus Mendes für das Überleben der verarmten Flüchtlinge. Und hilft ihnen weiter auf dem Weg nach Konstantinopel, in die Freiheit.

Doch kaum hat Doña Gracia in Antwerpen Fuß gefasst, trifft sie erneut eine private Tragödie. 1543 liegt ihr Schwager Diego auf dem Totenbett. Sieben Jahre lang ist sie seine gelehrige Schülerin gewesen. Jetzt muss sich zeigen, ob sie ihn zu ersetzen vermag. Ob sie allein an der Spitze eines riesigen Handelshauses bestehen kann.

Als der katholische Priester Diego die letzte Ölung geben will, wehrt sich dieser mit letzter Kraft. Er will als Jude sterben. Und Doña Gracia weiß, dass sie nicht nur ein Wirtschaftsimperium geerbt hat. Die zwangsgetauften Juden vor der Inquisition zu retten, das wird ihre Lebensaufgabe.

Doch die nächste schwere Prüfung wartet schon auf sie. Wieder greift ein mächtiger Herrscher nach ihrem Erbe. Diesmal der Einflussreichste in Europa: Kaiser Karl V. »Judaisierendes Verhalten« wirft er dem gerade verstorbenen Schwager Doña Gracias vor. Er verklagt den Toten, um an dessen Vermögen zu kommen. Doña Gracia gelingt es gerade noch durch sofortige Barzahlung der Riesensumme von 40.000 Dukaten, das Haus Mendes zu retten.

Als Katastrophenzeit brennen sich die letzten Jahre in Antwerpen in ihr Gedächtnis ein. Wie zuvor in Lissabon bleibt ihr auch in Antwerpen schließlich nur die Flucht. Ein bitterer Abschied von Flandern. Schon damals ahnt sie, was im Laufe ihres Lebens Gewissheit werden soll: dass sie im katholischen Europa immer eine Gejagte bleiben würde. Dass sie das Spiel um Geld und Macht wieder und wieder erleben würde – auch im liberalen Venedig.

1545 trifft Doña Gracia in Venedig ein. In der Lagunenstadt hat das Handelshaus Mendes seit langem ei-

Antwerpen – hier lernte Doña Gracia das Handelsgeschäft.

ne Niederlassung. Die Hand der Inquisition reicht bald auch bis an die Adria, aber hier greift sie nur mit Samthandschuhen zu. Ob es hinter den glänzenden Fassaden immer nur streng katholisch zugeht, darüber schaut man diskret hinweg.

Denn im Dogenpalast rechnet man mit dem Kapital, das die Juden – zwangsgetauft oder nicht – in das Staatssäckel füllen. Geld wird dringend gebraucht. Man muss aufrüsten, um für den möglichen Angriff durch die Osmanen gewappnet zu sein. Venedig zittert vor dem Heer des türkischen Sultans Suleiman, das schon bis an die Mauern Wiens vorgestoßen ist.

Am Canale Grande, rund um die Rialto-Brücke, spielt sich auch zur Zeit Doña Gracias das kaufmännische Leben der Stadt ab. Unter den Händlern sind auch zahlreiche Juden. Ein päpstlicher Erlass zwingt sie, einen gelben Schandfleck, dann einen gelben, später einen roten Hut zu tragen.

Wohnen müssen sie auf einer Insel nördlich der Innenstadt, getrennt von den Christen. Nach einer alten Eisengießerei – auf italienisch GETTO – ist die Insel der Juden benannt. Das erste Ghetto Europas. Abends gilt Ausgangssperre für die Juden Venedigs. Nur wenige Berufe dürfen sie ausüben. Sie sind Mediziner, Geldverleiher und Händler. Die mächtigen Handwerkszünfte sind ihnen verschlossen. Landerwerb ist ihnen verboten. Aber wenigstens dürfen hier die Flüchtlinge aus ganz Europa offen als Juden leben.

Als Zwangsgetaufte muss Doña Gracia nicht im Ghetto, sondern im christlichen Teil der Stadt Quartier nehmen – wenn sie nicht Verdacht erwecken will. Ihr erstes Domizil ist der Palazzo Gritti – das Haus ihrer Schwester. Geht es nach Doña Gracia, ist Venedig keine dauerhafte Bleibe. Sie will weiter – nach Konstantinopel. Und ihre ganze Familie – auch ihre Schwester – ins sichere Reich der Osmanen mitnehmen. Doch das neue Domizil birgt nichts als Unheil. Denn der Konflikt ihrer Generation, zwischen jüdischer Herkunft und Zwangschristianisierung, spielt sich jetzt in den eigenen vier Wänden ab. Anders als Doña Gracia will ihre jüngere Schwester Brianda lieber als offizielle Christin in der schillernden Stadt Venedig bleiben, als für den jüdischen Glauben nach Konstantinopel gehen.

Im Rückblick wird ihr der 13. Dezember 1548 immer als der schwärzeste Tag ihres Lebens erscheinen. Sie kann es kaum fassen, dass ihre eigene Schwester sie als »heimliche Jüdin« bei der Inquisition anzeigt, nur um die gemeinsame Weiterreise nach Konstantinopel zu verhindern. So muss sie, die mächtige Prinzipalin des Handelshauses Mendes, bei Nacht und Nebel aus Venedig fliehen. Konnten Familienbande dem Druck der Zeit nicht länger standhalten? War die Kraft des jüdischen Glaubens aufgebraucht?

Das kleine Fürstentum Ferrara ist der einzige Ort im weiten Europa, an dem Doña Gracia jetzt noch Zuflucht suchen kann. Als sie überstürzt in Ferrara eintrifft, stellt man ihr den schönsten Palast der Stadt zur Verfügung. Natürlich will man auch hier vom Kapital der Mendes-Familie profitieren.

In Ferrara herrscht Ercole II. Er ist der liberalste katholische Regent seiner Zeit. Seine Frau Renata macht aus ihrer protestantischen Herkunft keinen Hehl. In Ferrara leben Juden wie jedermann sonst. Lehren an der Universität, sind Dichter und Verleger, Forscher und Ingenieure. Zum ersten Mal kann sich Doña Gracia in aller Offenheit mit jüdischer Kultur und Religion auseinandersetzen. Immer wieder trifft sie mit ihren Landsleuten Samuel und Abraham Usque zusammen, Dichter der eine, Verleger der andere. Doña Gracia unterstützt die beiden bei der Herausgabe jüdischer Schriften in der Sprache der Conversos. Der Glaube der Väter soll nicht verloren gehen. Die weltberühmte Ferrara-Bibel – die erste Übersetzung der Thora in den Dialekt der spanischen Juden – wird Doña Gracia gewidmet, als Dank für ihre Inspiration und finanzielle Unterstützung.

Doch Doña Gracia betrachtet das kleine Fürstentum nur als Asyl auf Zeit. In Briefen verhandelt sie mit dem Papst in Rom und dem Sultan in Konstantinopel, um dem katholischen Europa endgültig zu entkommen.

Bald überstürzen sich die Ereignisse: Emissäre des Sultans rufen Doña Gracia nach Venedig zurück, um ihre Überfahrt nach Konstantinopel

In Galiläa wollte Doña Gracia den Flüchtenden eine neue Heimat schaffen.

durchzusetzen. Sie trifft erneut in der Lagunenstadt ein. Eine diplomatische Staatsaffäre spielt sich ab, der Löwe Venedigs zeigt seine Krallen. Fast ein halbes Jahr steht Doña Gracia unter Hausarrest. Gefangen im goldenen Käfig und Zankobjekt der europäischen Großmächte. Schließlich gibt die Lagunenstadt nach, zu gefährlich ist es, Sultan Suleiman zu reizen.

Nach fast 20-jähriger Odyssee darf Doña Gracia Europa verlassen. Eine Flucht, die ihr halbes Leben gedauert hatte, geht zu Ende.

Mit dem Schiff nach Konstantinopel reist sie einer historischen Mission entgegen. Mit aller Kraft wird sie weiter die Flucht anderer, weniger begüterter Conversos ins Osmanische Reich betreiben. Zeit ihres Lebens rettet sie unzählige Juden aus den Fängen der Inquisition. Mit einem Netzwerk von Freunden und Helfern ermöglicht sie ihnen ein neues Leben außerhalb der Reichweite der christlichen Kirche. Und sie wird – Jahrhunderte vor der Vision Theodor Herzls – die Heimkehr der Juden nach Palästina praktisch in Angriff nehmen. Vom Sultan pachtet sie die Stadt Tiberias in Galiläa, im Norden des heutigen Israel, um dort den Flüchtlingen eine neue Heimat in ihrem alten Land zu geben. Sie erwirbt das Steuerprivileg, lässt Häuser erbauen und Stadtmauern. Dort, wo die Juden 1.500 Jahre zuvor dem römischen Heer unterlagen und der jüdische Staat unterging.

Aus Europa wird ihr ein Gedicht bleiben – zeitlebens – geschrieben von Samuel Usque, ihrem jüdischen Dichterfreund aus Ferrara. »Oh Europa, meine Hölle auf Erden. Was soll ich dir sagen, da du die meisten deiner Siege auf meine Kosten gewonnen hast? Oh Italien, unmoralisch und angriffslustig, wofür soll ich Dich lobpreisen? Hungrige Löwen haben sich mit dem Fleisch meiner Leiber gemästet! Oh England, an deinen süßen und kühlen Quellen fanden wir nur bitteres und brackiges Wasser, und Spanien, doppelzüngig und grausam, blutrünstige Wölfe zerrissen uns in deinen Landen.«

Der Baal Schem Tov und der Funke des Chassidismus

Baal Schem Tov, der »Meister des guten Namens«, eigentlich Israel Ben Elieser (um 1700–1760), begründete den Chassidismus, eine Erneuerungsbewegung im Judentum, die das Einssein Gottes mit seiner Schöpfung in ekstatischem Gebet, Tanz, Gesang und froher Lebensbejahung feiert.

Podolien – im weiten Osten Europas, am Rande des großpolnischen Reiches. Hier sorgt in der Mitte des 18. Jahrhunderts ein außergewöhnlicher Mann für Aufsehen: Israel Ben Elieser. Er ist viel unterwegs, um zu heilen und seine Lehre unters Volk zu bringen. Für viele Juden in den kleinen Schtetln ringsum ist er der heilige »Baal Schem Tov« – der Meister des guten, des göttlichen Namens. Selbst polnische Adlige nennen ihn respektvoll den Doktor, ukrainische Bauern voll Hochachtung den jüdischen Heiler. Wundersame Geschichten ranken sich um ihn. Bei der Andacht soll er schweben, Funken und Licht aus seinem Körper entströmen. Längst ist sein Ruhm so groß, dass Getreue stets an seiner Seite weilen – auf Reisen und in Miedzyboz.

Damals, um 1750, ist Miedzyboz eine der größten Städte in der polnisch beherrschten Ukraine. Von den fast 5.000 Einwohnern ist jeder Dritte Jude. Miedzyboz in jener Zeit – das ist ein prosperierender Handelsplatz, eine Garnisonsstadt, ein Ort der Kaufleute, Bauern und kleinen Handwerker, ein Ort, an dem die Juden nicht im Ghetto, sondern neben christlichen Nachbarn wohnen. Und sich Rabbiner, katholischer Kantor und orthodoxer Priester ganz selbstverständlich um ihre Gemeinden im gleichen Ort kümmern.

Miedzyboz heute, ein kleines verschlafenes Nest in der Ukraine. Kaum einer der Bewohner hier kennt heute den Namen Israel Ben Elieser, des Baal Schem Tov. Vor 250 Jahren aber soll er hier gelebt haben, inmitten einer großen jüdischen Gemeinde. Anerkannt als heiliger Mann, als Meister des Unsichtbaren und Unerklärlichen.

Heute lebt nur noch ein altes jüdisches Ehepaar in Miedzyboz. Ihnen ist der Name des Baal Schem Tov vertraut. Zwischen arm und reich, so erzählen sie, habe der Baal Schem keinen Unterschied gemacht. »Früher war es so: Es gab arme Juden und es gab reiche Juden und die Reichen haben sogar in einer eigenen Synagoge gebetet und die Armen in einer anderen. Er hat gesagt, dass alle Juden vor Gott gleich sind und deshalb alle zusammen beten sollen.«

Und noch etwas erzählen die beiden Alten über Miedzyboz und das Ende seiner jahrhundertealten jüdischen Gemeinde. »Im Jahr 1942, im September, am 22. September, haben die Deutschen fast alle Juden von Miedzyboz liquidiert. Mehr als 3.000 Menschen. Nur wenige konnten fliehen.« Nach dem Krieg seien nur einige Überlebende zurückgekehrt, aber nach dem Ende der Sowjetunion seien auch die wenigen verbliebenen Juden von hier weggezogen.

Seitdem der eiserne Vorhang gefallen ist, lebt in Miedzyboz eine alte Tradition wieder auf: Zu wichtigen jüdischen Feiertagen füllt sich der kleine Ort mit Chassidim aus aller Welt. Die Anhänger der Lehren des Baal Schem Tov kommen vor allem zu Schawuot – dem Feiertag der Thora-Offenbarung. Denn auf Schawuot fällt auch der Todestag des Baal Schem Tov. Und so pilgern sie nach Miedzyboz, wo ihr großer Lehrer begraben sein soll.

Einer von ihnen ist Meir Gabay. Für den frommen Juden ist die Magie des Baal Schem Tov bis heute lebendig. So hat er sich vor Jahren auf den Weg gemacht, um hier den Baal Schem Tov zu ehren. Nichts erinnerte bei seiner Ankunft in Miedzyboz an sein großes Vorbild. Und so machte er sich an die Arbeit. Ein Grabhaus ließ Meir Gabay dem Baal Schem Tov auf dem alten jüdischen Friedhof errichten – an der Stelle, an der sein Grab vermutet wird. Und zwei Synagogen, in der heute all jene Juden beten, die den weiten Weg nach Miedzyboz auf sich nehmen, um ihren Meister zu ehren.

Hier verehren sie den Baal Schem Tov als Gründer und Urvater des Chassidismus – einer Erneuerungsbewegung des Judentums im Osteuropa des 18. Jahrhunderts. Große Frömmigkeit und der unbeirrbare Glaube an den Sieg des Guten prägen das Weltbild der Chassidim. Und wie seit Jahrhunderten machen Geschichten über den Begründer ihrer Bewegung die Runde.

Zum Beispiel diese: Eines Tages, der Baal Schem Tov war gerade unterwegs. Er ging an einem Feld entlang, da wurde es Zeit zu beten. Aber es gab weit und breit kein Wasser. Ohne Wasser aber hätte er sich nicht, wie vorgeschrieben, zuvor die Hände waschen können. Und so schlug der Baal Schem Tov an der Stelle, an der er gerade stand, mit seinem Stock auf den Boden. Und nur einen Augenblick später sprudelte dort urplötzlich eine Quelle hervor.

Noch heute gibt es diese Quelle – nicht weit von Miedzyboz: Ein unscheinbarer Ort, am Rande eines Ackers. Nur ein schäbiger Betonring kennzeichnet die Stelle, an der das Wasser aus dem Boden tritt. Doch viele Chassidim gehen dorthin, um von ihrem Wasser zu trinken – sie vertrauen auf dessen wundersame, heilende Kraft.

Unzählige Weisheiten des Baal Schem Tov sind überliefert, viele Legenden ranken sich um sein Leben. Fünfzig Jahre nach seinem Tod, vor etwa zweihundert Jahren, wurden sie aufgeschrieben. Die »Shivche ha Bescht« (»Geschichten vom Baal Schem Tov«) – das Buch mit den wundersamen Geschichten über die Kräfte des Baal Schem Tov begleitet die Chassidim seitdem. Es gilt den Chassidim als Offenbarung ihres großen Lehrers. Doch verbirgt sich hinter den oft wundersamen Geschichten eine reale Figur? Hat es den Baal Schem Tov wirklich gegeben?

Kein Schriftstück belegte die reale Existenz des Baal Schem Tov. Nichts Gesichertes wusste man über ihn. Bis vor ein paar Jahren die Steuerlisten der Stadt Miedzyboz gefunden wurden – in einem Archiv in der früheren polnischen Hauptstadt Krakau. Hier liegen die 250 Jahre alten Listen noch heute. Und ausgerechnet in diesen alten Steuerlisten findet sich der unwiderlegbaren Beweis für die Existenz des legendenumwobenen Baal Schem Tov. Als »Baal Szem Doktor« ist er aufgeführt. Den Unterlagen zufolge lebte er steuer- und mietfrei in einem Haus der jüdischen Gemeinde. Und wurde in den polnischen Listen mit dem Zusatz »Doktor« als das anerkannt, was er offensichtlich war, ein Heiler, der mit Hilfe des Schem, des Namen Gottes, den Menschen half.

Mit dieser Entdeckung ist nach Jahrhunderten aus einer sagenhaften Figur eine historisch nachgewiesene Person geworden. Auch wenn sich bis heute Spekulation und Wissen oft kaum trennen lassen.

Um 1700 soll der Baal Schem Tov als Israel Ben Elieser im kleinen Schtetl Okopy geboren sein. Zunächst deutet nichts auf einen charismatischen Religionserneuerer hin. Schon früh verwaist, so heißt es, muss er sich sein Brot selbst verdienen. Als »Behelfer«, so wird der jüdische Hilfslehrer genannt, versammelt er frühmorgens die Kinder der Gemeinde, führt sie zur Schule und erzählt ihnen wundersame Geschichten.

Schon in jungen Jahren soll er geheimnisvolle Papiere von einem Wanderrabbi erhalten haben. Mystische Schriften, die ewigen Geheimnisse der Kabbala. Jener uralten Lehre über das Wesen des Göttlichen und die Wege zu seiner inneren Erfahrung. Von Zeit zu Zeit sollen sich der junge Israel und der Rabbi in einem verlassenen Haus getroffen haben, sich mit den Schriften befasst, Waschungen vorgenommen und in kabbalistischen Experimenten geübt haben.

Später sei der junge Israel als Gemeindeschullehrer und Schlichter im benachbarten Brody tätig gewesen. Und als er eines Tages die ihm versprochene Frau heiraten will, drängt deren Bruder, der Rabbi des Ortes, ihn, wegzuziehen, denn noch ist Israel ein »Verborgener«, ein gelehrter Mann vor seiner Offenbarung.

Und so zieht er sich zurück von den Menschen, steckt wochenlang in den dichten Wäldern der Karpaten. Sieben Jahre, so sagt die chassidische Legende, lebt er jenseits der Städte und sucht Gott in der Natur. Als Lehmstecher soll er sich über Wasser gehalten haben. Man hört, er soll nächtens Feuer entzünden und stundenlang vor den Flammen meditieren. Sucht er darin das göttliche Licht?

Auch berichtet man, er bete heimlich mit erstaunlicher Inbrunst. Sein Gebet bringe die Erde zum Beben, so dass das Wasser in der Schüssel hin und her woge und dass Korn im Fass erzittere. Man ahnt, dass dieser Mann besondere Kräfte besitzt. Und vermutet, er habe sie sich im Studium der Kabbala angeeignet. Aus jenen geheimnisvollen mystischen Quellen. Daher seine magische Aura.

Aus den Steuerlisten von Miedzyboz geht hervor, dass er der Kopf des Bet Midrasch (des Lehrhauses) der Stadt war, wo eine kleine Elite von Mystikern studierte. Und als er in die Stadt kam, kam er wahrscheinlich um beides zu sein: der Baal Schem, der Schamane, und der Kopf dieser Gruppe von Mystikern.

Am Grab des Baal Schem Tov in Miedzyboz.

Zu jener Zeit, das wissen die Historiker heute, gab es in den polnischen Provinzen wie Galizien und Podolien viele so genannte »Baale Schem«, Schamanen oder Heiler, die mit Kräutern und Gewürzen, aber vor allem auch mit Besprechen, Beschwörungsformeln, Amuletten und intensiven Gebeten arbeiteten. In einer Zeit, in der in der Vorstellungswelt der Menschen Podoliens hinter jedem Busch ein Dämon wohnte, waren die

Juden überzeugt, dass es diesen »Baale Schem« möglich war, böse Geister aus dem Körper zu vertreiben und vor Missgeschick zu schützen.

Mehr aus wirtschaftlicher Not, so vermutet man heute, hat sich auch Israel ben Elieser anfangs dieser Tätigkeit zugewandt. Offenbar ist der Baal Schem Tov erfolgreich, denn als Wanderarzt, so wird berichtet, unternimmt er viele Reisen. Ob bei Kinderlosigkeit, wirtschaftlichen Problemen oder Krankheit, der Rat des Wundertäters scheint erstaunlich oft zu helfen.

Seit vielen Jahren wird Israel Ben Elieser nun schon als weiser Mann verehrt. Er spricht gern mit den einfachen Leuten, erreicht ihre Herzen. Und er nimmt ihre Sorgen ernst. Auch die Klagen über böse Geister und Dämonen. Diesen Aberglauben kann er nicht ändern. Aber er hat ein Mittel gegen die Angst: kleine Amulette, auf die er verschlüsselt den Namen des Ewigen geschrieben hat. Baal Schem Tov, Meister des guten, des göttlichen Namens, wird er deshalb genannt. Seine Botschaft: Niemand muss sich fürchten, der Gott an seiner Seite weiß. Trost und Halt in einer Zeit, in der die Juden Podoliens immer wieder von Pogromen heimgesucht werden:

Wie zu Zeiten des Baal Schem Tov überragt auch heute noch die Festung von Miedzyboz das flache Land ringsum. Im 18. Jahrhundert war die Feste zugleich ein Machtsymbol der polnischen Herrschaft über die leibeigenen Bauern der Ukraine.

In den weiten Ebenen Podoliens siedeln seit dem 16. Jahrhundert auch Juden. Hier geht es ihnen vergleichsweise gut. Anders als im Westen Europas dürfen sie hier Land pachten. Sie leben als einfache Bauern in mehrheitlich jüdischen Dörfern. Oder in den kleinen Schtetln: als Handwerker, Hausierer und Händler. Die polnische Obrigkeit nutzt das Wissen der Juden in einer Welt des Analphabetismus. Die jüdischen Pächter müssen die Steuern für den König und die Adligen eintreiben.

Dadurch aber hängt das Schicksal der Juden oft genug von den Launen der Natur ab. In Zeiten der Not, bei Dürre oder Missernte, richtet sich der Zorn der Bauern über die Abgabenlast schnell gegen die jüdischen Steuereintreiber. Bauern- und Kosakenaufstände gegen den polnischen Adel gehen einher mit grausamen Pogromen gegen alle Juden. Ob Steuereintreiber oder einfache Bauern – jeder wird dann zum Opfer.

Zu Abertausenden waren die Juden in ganz Polen während des Chmielnicki-Aufstandes 1648–49 hingemetzelt worden, auch in Miedzyboz war die jüdische Gemeinde danach fast zerstört. Zu Zeiten des Baal Schem Tov war das zwar längst vergangen, aber die Erinnerung wirkte nach, und sei es nur als Gefühl einer stets nur trügerischen Sicherheit, die schnell vorbei sein konnte.

Erlösung aus diesem Jammertal versprechen viele Rabbiner zur Zeit Israel Ben Eliesers für den fernen Tag, an dem der Messias kommt. Und erlöst wird, wer das Studium von Thora und Talmud mit aller Kraft betreibt, alle Gebote genauestens einhält. Ein strenges, asketisches Leben, in dem wenig Raum für Lebensfreude ist.

Der Baal Schem Tov reist mit offenen Augen durchs Land. Immer zum Gespräch aufgelegt. Und so hört er von seinen Brüdern, dass selbst der heilige Schabbat durch all die strengen Rituale, die die Rabbis dem frommen Mann auferlegen, von einem Feiertag zu einem Tag der Mühsal geworden ist. Als sei das Leben nicht so schon hart genug. »Wenn das Leben der Juden ohne Freude ist, wie soll Gott dann bei ihnen bleiben?«, fragt sich der Baal Schem Tov. »Wo nur Trübsal herrscht, zieht Gott aus«. Statt Gott zu fürchten, lehrt er sich zu freuen über Gott und seine Welt. Fröhlich zu sein.

Die neuen Wege des Baal Schem Tov weichen ab vom Althergebrachten. Hätte man einen traditionellen Rabbiner der damaligen Zeit gefragt: »Wo begegnest Du Gott?«, dann wäre seine Antwort gewesen: »Beim Studium der Thora, beim Besuch des Lehrhauses und der Synagoge, hier begegnet man Gott.« Dem widerspricht der Baal Schem Tov. Für ihn gibt es nicht den einen, sondern unendlich viele Wege, Gott zu erfahren. Nicht nur in der Synagoge, sondern auch im alltäglichen Leben. Entscheidend ist nur, sich bei allem, was man tut, die Anwesenheit Gottes bewusst zu machen. Für den Baal Schem Tov muss man kein Gelehrter sein, um ein großer und frommer Jude zu sein. »Es geht nicht an, dem Menschen zu sagen, welchen Weg er gehen soll. Denn da ist ein Weg Gott zu dienen durch Lehre und da durch Gebet, da durch Fasten und da durch Essen. Jedermann soll wohl achten, zu welchem Weg ihn sein Herz zieht.« Eine Botschaft, die bei den einfachen Juden nicht nur in Miedzyboz viel Zuspruch findet.

Viele Legenden ranken sich um das Leben des Baal Schem Tov.

Diejenigen die dem Baal Schem Tov folgen – sie nennen sich selbst die »Frommen«, die Chassidim – suchen in Gesang und Tanz das Aufleuchten der Gegenwart Gottes. So ist es noch heute. Wie jeder fromme Jude ehren auch die Chassidim Thora und Talmud und suchen in innerer Einkehr das Zwiegespräch mit Gott. Doch die Haltung der Demut – Shivlut – steigern sie im Gebet bis zur Inbrunst, zur Ekstase. Bis zu jener Stufe, in der sie Gott unmittelbar erfahren. Wenn sie tanzen, betet der ganze Körper, um einen Funken überspringen zu lassen – einen Funken der Freude an der Welt, die ganz von Gott durchdrungen ist.

Fast 200 Jahre lang breitet sich vom Städtchen Miedzyboz die Erweckungsbewegung des Baal Schem Tov aus – in ganz Osteuropa. Ergreift – ausgehend von Podolien – wie ein Lauffeuer die Ukraine und Polen, Belorussland und schließlich Russland. Erst das totalitäre 20. Jahrhundert bricht mit unerbittlicher Grausamkeit über die Welt des jüdischen Schtetls herein. Nicht weit von Miedzyboz erinnert ein Massengrab an den 22. September 1942 – den Tag, an dem hier 3.000 Juden von den Nationalsozialisten ermordet wurden. Mit dem Massenmord an den Juden Osteuropas wird auch die Welt der Chassidim beinahe ausgelöscht. Aus der weit verbreiteten Volksreligion hat der Genozid den Glauben einiger Überlebender gemacht. Am Ende überlebt nur eine kleine Gemeinschaft der Chassidim, zerstreut in alle Welt. Gläubige, die bis heute den Lehren des Baal Schem Tov folgen. Anders als die meisten Juden Westeuropas, die sich aufmachen in die Moderne mit der Forderung nach Judenemanzipation und dem Ruf nach Assimilation in die entstehende bürgerliche Gesellschaft.

Klar und schlicht ist die Botschaft des Baal Schem Tov von der Allgegenwart Gottes: Gerade im Kleinen, oft Unscheinbaren – so lehrt er – offenbare sich diese. Für ihn sind Baum und Acker ebenso heilig wie die Wolken am Himmel, wie jeder Mensch. Einmal sagt ein einfacher Mann zu ihm: »Heiliger Baal Schem, ich gebe dir einen Rubel, wenn du mir sagst, wo Gott zu finden ist.« Der zögert kurz und antwortet: »Ich gebe dir zwei Rubel, wenn du mir sagst, wo Gott nicht zu finden ist.«

Moses Mendelssohn – Aufklärer und Philosoph

Moses Mendelssohn (1729–1786) gestaltete als Philosoph der Aufklärung mit seinen Ideen der Toleranz und Humanität das Menschenbild der Aufklärung mit und trug entscheidend zur kulturellen Assimilation des deutschen Judentums im 18. und 19. Jahrhundert bei.

Wolfenbüttel im Jahr 1777: Zwei Freunde beim Schachspiel: Der Protestant Gotthold Ephraim Lessing und der Jude Moses Mendelssohn. Es ist ein Ritual, dass sie seit ihrer Jugendzeit in Berlin pflegen. Damals suchte Gotthold Ephraim Lessing einen guten Schachpartner. Und fand ihn in Moses Mendelssohn. Aus dem gemeinsamen Spiel wuchs eine lebenslange Freundschaft. Ein Zwiegespräch über Vernunft, Toleranz, Menschenfreundlichkeit. Aufklärer nennt man sie inzwischen. »Lessing hat meine Seele gebildet«, sagt Mendelssohn über seinen Freund. Und Lessing hat Moses Mendelssohn vor Augen, als er seinen »Nathan der Weise« schreibt. Dass Christen und Juden das Studierzimmer teilen, Protestanten sogar in die Häuser von Juden gehen – davon hätte der junge Moses Mendelssohn nicht einmal zu träumen gewagt.

Als Sohn eines Elementarlehrers und Thoraschreibers wird Moses Mendelssohn am 6. September 1729 in Dessau geboren. Den Namen »Mendelssohn« aber gibt er sich erst als Erwachsener, nennt sich nach seinem Vater Mendel, also Mendelssohn. Da Juden seinerzeit keine bürgerlichen Namen tragen, ist er in seiner Kindheit und Jugend einfach Moshe mi-Dessau – Moses aus Dessau.

Von seinem Vater lernt der junge Moshe früh Lesen und Schreiben, bereits als Fünfjähriger soll er die hebräische Grammatik beherrscht haben. Dann unterrichtet ihn David Fraenkel, der 1731 als Rabbiner nach Dessau gekommen war. Er macht Moshe vertraut mit der Thora, der jüdischen Bibel, und dem Talmud, der Auslegung der Gesetze. Später kommen noch die rabbinische Literatur und die jüdischen Religionsphilosophen hinzu. Besonders Maimonides, einer der berühmtesten unter ihnen, beeindruckte Moshe sehr.

Als Erwachsener leidet Moses Mendelssohn unter einer starken Rückgratverkrümmung. Mehr im Scherz als im Ernst führt er sein Leiden auf das unentwegte Lesen eben jenes Maimonides' zurück. Ihm, Maimonides, habe er »es zuzuschreiben, dass ich einen so verwachsenen Körper bekommen, denn er hat mir manche trübe Stunde meines Lebens versüßt, und so auf der einen Seite mich siebenfach für das entschädigt, um was er mich in Betracht meines Körpers gebracht.«

Als der junge Moses 1743 mit 14 Jahren aus Dessau nach Berlin kommt, versperrt eine dicke Mauer den Zugang zur Stadt. Juden dürfen nur durch ein einziges Tor, das Rosenthaler Tor, nach Berlin – wenn überhaupt. Und selbst dann müssen sie die Leibsteuer entrichten – ein Wegezoll nur für Juden.

Die jüdische Gemeinde stellt zu jener Zeit Torsteher, die die Ein- und Ausreiseformalitäten regeln, Passierscheine ausstellen und damit den Zufluss in die Stadt steuern. Die Einsetzung dieser Torsteher liegt durchaus im Interesse der jüdischen Gemeinde, denn jedes unaufgeklärte Verbrechen lastet man automatisch den Juden an. Und so achtet man sehr genau darauf, wer einreisen darf und wer nicht.

Doch zum Glück hat der junge Moses einen Gönner in der Stadt, den Oberlandesrabbiner von Berlin, eben jenen David Fraenkel, dessen Schüler er zuvor in Dessau gewesen war. So erhält er Einlass und ist seinem wichtigsten Ziel, dem Lernen, ein Stück näher gekommen. Ansonsten hätte man den armen Judenbengel sicher wieder davongejagt.

Moses aus Dessau darf in Berlin bleiben. Fast ist es ein Wunder: Denn die Zahl der Juden in der Stadt wird begrenzt. Preußenkönig Friedrich der Zweite sorgt 1750 per Verordnung sogar dafür, dass 500 arme Juden aus der Stadt gewiesen werden. Höchstens 1.250 Juden darf es nun in Berlin geben und nur 40 jüdische Häuser. Die Juden Berlins werden in sechs Klassen eingeteilt – vom privilegierten Schutzjuden bis zum geduldeten jüdischen Dienstboten ohne Heiratsrecht. In Berlin bleiben dürfen die Wohlhabenden. Der jüdische Bankier Veitel Ephraim zum Beispiel, an den noch heute das Ephraim-Palais im Berliner Nicolaiviertel erinnert. Er hilft Friedrich dem

Zweiten, seine Schlesischen Kriege zu finanzieren. Dafür stellt ihn der Preußenkönig mit christlichen Kaufleuten gleich. Die widersprüchliche Judenpolitik Friedrich des Zweiten hat einen schlichten Kern: Er betrachtet die Juden ausschließlich unter dem Aspekt der Nützlichkeit.

Unterschiedlicher hätte die Jugend der beiden Freunde Mendelssohn und Lessing nicht sein können. Wenn der Sohn eines armen Thoraschreibers von seinen ersten Jahren in Berlin erzählt, hört der Pfarrerssohn aus guten Verhältnissen immer wieder gebannt zu. Mitten in den Schlesischen Kriegen steckt Preußen, als Mendelssohn aus Dessau ankommt. Eine Zeit der Not für viele, besonders aber für arme Juden, wie ihn. Als Schreiber verdient er wenig. Mehr als ein Brot pro Woche kann er sich oft nicht leisten. In sieben Tagesrationen muss er es teilen, um nicht zu verhungern. Unermüdlich lernt er in dieser Zeit der Not. Da er als Jude nicht studieren darf, wird er sein eigener Lehrer. Verschlingt jedes Buch, das er findet.

Er lernt zunächst Deutsch. Es mag verwunderlich klingen, doch tatsächlich ist Deutsch für die meisten Juden, die seinerzeit in Preußen, Sachsen und anderen deutschen Landen leben, eine fremde Sprache; aufgewachsen mit dem ganz selbstverständlichen Studium von Thora und Talmud – und das von Kindesbeinen an – können sie nur hebräisch lesen und schreiben. Im Alltag sprechen sie ein Gemisch aus Jiddisch, Hebräisch und Deutsch. Nachdem Mendelssohn sich der deutschen Sprache zugewandt hat, folgen Griechisch, Latein, Französisch, die Grundzüge der Mathematik, all das aus deutschsprachigen Lehrbüchern.

Nach ein paar Jahren findet er eine Anstellung beim jüdischen Seidenfabrikanten Isaak Bernhard. Zum ersten Mal in seinem Leben haben Not und Armut ein Ende. Denn als Hauslehrer für die Kinder des Fabrikanten hat er ein – wenn auch äußerst bescheidenes – Auskommen. Und als der Seidenfabrikant Bernhard den Hauslehrer Mendelssohn für seine inzwischen erwachsenen Kinder nicht mehr benötigt, hat Mendelssohn erneut Glück. Oder ist es einfach nur die Belohnung seiner Tüchtigkeit und seines Könnens? Nun wird er als Buchhalter weiter beschäftigt, erhält ein geregeltes Einkommen.

Moses Mendelssohn übersetzte die Thora ins Deutsche. Es sollte kein Widerspruch sein, Deutscher und Jude zu sein.

In der ersten Zeit seiner neuen Arbeit als Prokurist verbringt er fast den ganzen Tag im Kontor. Ab 1755, drei Jahre später, ändert sich das: Bei einer täglichen Arbeitszeit von sechs

Stunden hat er nun viel freie Zeit, und die nutzt er zum Lernen, geht ins Theater, in Konzerte. Er studiert die Schriften der großen Philosophen: Spinoza, Voltaire, Rousseau, Leibniz.

Und er lernt den Arzt Aaron Salomon Gumpertz kennen, der Mendelssohn in die Kreise des Berliner Bürgertums einführt. Irgendwann in dieser Zeit lernt Mendelssohn auch seinen lebenslangen Freund Lessing kennen, erst die Freundschaft mit ihm ermöglicht dem kleinen Prokuristen den Eintritt in die – wie er es nennt – »Republik der Gelehrten«.

Fabrikanten und Händler sind im aufstrebenden Preußen gern gesehen – ob nun Hugenotten oder Juden. Weil er es mittlerweile bis zum Prokuristen der Seidenfabrik gebracht hat, erhält Moses Mendelssohn endlich auch das Niederlassungsrecht für Berlin. Gleichberechtigter preußischer Untertan ist er dadurch nicht.

1762: Moses Mendelssohn hat sich verliebt und will heiraten. Als außerordentlicher Schutzjude muss er dafür um amtliche Genehmigung nachsuchen. Für jeden Antrag an die Behörden aber müssen Berliner Juden in der Königlich Preußischen Porzellanmanufaktur einkaufen – im Wert von 300 Talern. Tassen und Teller könnte Mendelssohn schon gebrauchen – jetzt da er mit dem Fräulein Fromet Gugenheim in den Stand der Ehe treten möchte. Kaufen muss er – so will es der preußische König – den Kitsch, den die Manufaktur sonst nicht los wird. In seinem Fall sollen es 20 Porzellanaffen gewesen sein. So hält Friedrich der Große seine Porzellanmanufaktur über Wasser – und verdient Geld für seine Schlesischen Kriege.

Nur geduldet, aber nie gemocht, ausgegrenzt nach Gutdünken, benachteiligt in praktisch allen Lebenssituationen und höchstens als Geldquelle willkommen, die Stellung der Juden ist nicht nur in Berlin von Fremdheit, Feindschaft und Ablehnung geprägt. Gegen diese Diskriminierung aber wird Mendelssohn nie zornige Worte führen oder zu offenem Widerstand aufrufen. Sein Weg heißt: Aufklärung und Emanzipation.

Mit sanfter Klugheit und vorausschauender Geduld bemüht sich Moses Mendelssohn um die Emanzipation der Juden. Zeitlebens. Unter den Gleichgesinnten ist Lessing immer der Wichtigste. Er kommt auch auf den klugen Schachzug, Mendelssohn mit in den Montagsclub zu nehmen, wo Berlins kritische Geister debattieren. Mendelssohns Stärke: Er weiß klug und humorvoll zu parieren. Also blickt man darüber hinweg, dass er Jude ist. Damals spürt Mendelssohn zum ersten Mal, dass sein Wort Gewicht hat.

Lessing und Mendelssohn treten – gemeinsam mit dem Berliner Verleger Nicolai – mit einer eigenen Zeitschrift an die Öffentlichkeit: »Briefe, die neueste Literatur betreffend«. Zum ersten Mal wird in deutschen Landen die Literatur vor den Thron der Vernunft gezerrt. Und da Preußen über einen dichtenden Monarchen verfügt, sieht sich alsbald auch Friedrich II. von Moses Mendelssohn kritisiert. Das ist unerhört: Da erdreistet sich ein Jude, vom König zu wünschen, der möge doch nicht nur französisch dichten.

Moses Mendelssohn schreibt deutsch, besser als viele deutsche Dichter. Sein erstes Buch – ein philosophisches Werk – wird zum Bestseller, in neun Sprachen übersetzt und ständig wieder aufgelegt: »Phädon – oder über die Unsterblichkeit der Seele«.

Ein Thema, das auch einen berühmten Schweizer beschäftigt: Johann Caspar Lavater. Der Theologe gilt auch als junges Forschergenie, macht die Seele der Menschen an einzelnen Schädelregionen fest. Mut vorn rechts, Intelligenz hinten links. Von Moses Mendelssohns Physiognomie ist Lavater begeistert: »In der Bestimmtheit der Nase zur Oberlippe, im herrlichen Bogen der Stirn« erkennt Lavater »die sokratische Seele« Mendelssohns. Und verlangt als eifriger Protestant von einem »so klugen Mann, sich endlich vom Judentum abzuwenden«. Die Vernunft fordere – so schreibt Lavater 1769 – dass Mendelssohn sich christlich taufen lasse.

Ungewollt gerät der sanfte Aufklärer Mendelsohn unter Zugzwang. Für den Glauben streiten, das ist nicht sein Naturell. Jetzt muss er, denn Lavater setzt das Jüdische mit Barbarei und Unvernunft gleich. Mit Entschiedenheit weist Mendelssohn Lavaters Angriff auf das Judentum zurück: »Wir Juden schicken keine Missionen nach Indien oder nach Grönland ... (eine Anspielung Mendelssohns auf das Entsenden von christlichen Missionaren in entfernteste Gegenden der Welt – d. A.) Ich bleibe bei meinem jüdischen Unglauben, der mir gestattet, bis an die äußerste Grenze der Vernunft zu prüfen und zu denken.«

Als Lavater sich – gedrängt von vielen deutschen Gelehrten – bei Mendelssohn entschuldigt, horchen auch die Berliner Juden auf. Hier hatte einer der Ihrigen einem christlichen Geistlichen widersprochen. Hatte eine Lanze für das Judentum gebrochen.

Längst hat sich Mendelssohn große Anerkennung im Kreise seiner gelehrten Freunde erworben. So sagt Lessing über ihn: »Es ist wirklich ein Jude, welcher ohne Anweisung in den Sprachen, in der Mathematik, in der Weltweisheit, in der Poesie eine große Stärke erreicht hat. Ich sehe ihn im voraus als die Ehre seiner Nation an ...«.

1771 bekommt Moses Mendelssohn eine Einladung an den Hof nach Potsdam. Ein hoher ausländischer Gast, der sächsische Staatsminister, wünsche den berühmten Berliner Philosophen endlich kennen zu lernen, lässt Friedrich II. ausrichten. Also macht sich Moses Mendelssohn auf nach Sanssouci. Seinen König aber bekommt er nicht zu Gesicht, Friedrich der Große sei beschäftigt, heißt es. Ein Zufall? Hat Friedrich II. Mendelssohn die kritische Beurteilung seiner Gedichte nicht verziehen? Was hat der König gegen ihn? Vielleicht doch, dass er Jude ist? Verweigert Friedrich der Zweite deshalb Mendelssohn die Mitgliedschaft in der Akademie der Wissenschaften? Obwohl die klügsten Köpfe – unter ihnen Freund Lessing – Mendelssohn einstimmig in ihre Mitte gewählt hatten?

In einem Brief an Mendelssohn hatten die Mitglieder ihre Entscheidung mitgeteilt; Johann Georg Sulzer verfasste das Schreiben: »Mein verehrtester Herr! Die königliche Akademie hat mir aufgetragen, Ihnen zu hinterbringen, dass ihr Wunsch sei, Sie als ordentliches Mitglied der philosophischen Klasse zu besitzen. Sie wünscht und hofft, dass eine solche Stelle, obwohl vorderhand keine Pension dabei ist, Ihnen nicht zu wider sein möge. In diesem Fall wird der Vorschlag an den König morgen abgehen. ... Mir würde es besonders angenehm sein, Sie zum Kollegen zu haben.«

Aber Friedrich der Große schert sich nicht um die Wünsche der Akademiemitglieder. Er fordert eine neue Kandidatenliste. Als die ahnungslosen Mitglieder erneut eine Liste mit dem Namen Mendelssohn schicken, streicht der König dessen Namen darauf kurzerhand durch. Die Berufung des ersten Juden in die ehrwürdige Königliche Akademie sollte ein Zeichen setzen. Und genau da fuhr der König den Aufklärern in die Parade.

Die Demütigung trifft Mendelssohn – auch körperlich: Erst die Lavater-Affäre, dann die Kränkung durch den König. Mendelssohn kann kaum noch Schlaf finden, Arme und Beine wie gelähmt, ein glühender Lavastrom scheint sich durch seinen Körper zu wälzen.

»Jede Bemühung, die ich anwandte, irgendein Glied zu bewegen, war völlig fruchtlos und vermehrte nur die sehr widrige Empfindung, von welcher der Zustand begleitet war.« Mit 42 Jahren bricht für ihn eine Welt zusammen. Sechs Jahre wird er brauchen, um sich von diesem Schock zu erholen, immer wieder leidet er unter anfallähnlichen Lähmungen. Die Ärzte diagnostizieren einen Zusammenhang mit seiner philosophischen Arbeit und raten dringend davon ab. In dieser Zeit ruht sogar sein Kontakt zu Lessing. Nur seine Arbeit als Prokurist der Seidenfabrik darf er nicht aufgeben – er muss Frau und Kinder ernähren. Nach dem Tod des Fabrikanten Bernhard führt er mit dessen Witwe die Geschäfte weiter, baut das Unternehmen aus und wird sogar Teilhaber.

Trost über die große Enttäuschung aber findet er in der Thora, der hebräischen Bibel. Er sucht je nach Stimmungslage einen Psalm aus, lauscht den hebräischen Worten nach, ringt um die beste deutsche Entsprechung. Irgendwann hat er alle Psalmen übersetzt. Als sich sein Zustand langsam bessert, macht er sich an die Übersetzung der fünf Bücher Mose ins Deutsche.

Nicht zufällig verschiebt sich mit der Krankheit der Schwerpunkt seiner geistigen Arbeit: Jetzt versucht er mit aller Kraft, die Reform des Judentums voranzutreiben, die Juden zu verteidigen und ihnen den Einstieg in die deutsche Kultur zu ebnen. Aufklärerisches Gedankengut in das Judentum zu tragen, wird zu einem wichtigen Bestandteil seines Wirkens. Seine Übersetzung der fünf Bücher Mose und der Psalmen ins Deutsche muss er gegen den Widerstand vieler Rabbiner verteidigen. Er möchte, dass die Juden in Preußen, die ihr Hebräisch halb vergessen, deutsch aber nie gelernt haben, herauskommen aus dem geistigen Ghetto. Seine Lösung ist so klug wie praktisch: Er schreibt den Wortlaut seiner deutschen Übersetzung am Ende in hebräischen Lettern, eine Art Lautumschrift. Die Übersetzung versieht er mit einem traditionellen rabbinischen Kommentar, er will durchaus keinen radikalen Bruch mit der jüdischen Tradition.

Aufklärung und Judentum zu verbinden, ohne eines davon aufzugeben, darum bemüht sich Mendelssohn. In seinem theologisch-politischen Hauptwerk »Jerusalem oder über die religiöse Macht und Judenthum« schreibt er: »Wenn die bürgerliche Vereinigung unter keinen andern Bedingungen zu erhalten ist, als wenn wir von dem Gesetze abweichen, das wir für uns noch für verbindlich halten, so thut es uns leid, was wir zu erklären für nöthig erachten: so müssen wir lieber auf die bürgerliche Vereinigung Verzicht tun; ... Von dem Gesetze können wir guten Gewissens nicht weichen.« Im Zweifelsfall, so Mendelssohns klares Bekenntnis, sei für die Juden die strikte Einhaltung der Mizwot, der unveränderlichen Gebote der Thora, wichtiger als die bürgerliche, also gesellschaftliche Vereinigung mit den Christen. Ein Bekenntnis, das es dem gläubigen Juden erlauben soll, Bürger des modernen Staates zu sein, ohne sich in seinem Judentum zu verleugnen. Mendelssohn belässt es bei seinem Engagement für die Emanzipation der Juden nicht nur bei Worten. Mehrmals bitten ihn jüdische Gemeinden, bei Problemen mit den Behörden als Vermittler aufzutreten, so bei der Vertreibung der Dresdner Juden 1777 oder 1780 bei der Vertreibung der Juden aus dem Elsass.

Und auch in Berlin, seiner Wahlheimat, wird er tätig. Noch heute erinnert das Jüdische Gymnasium in der Großen Hamburger Strasse in Berlin daran. Mendelssohn will, dass jeder Jude in Berlin die deutsche Sprache beherrscht. Also ist er auch dabei, als genau hier die erste jüdische Freischule in Berlin gegründet wird, in der neben hebräisch und jüdischer Religion auch weltliche Fächer und die deutsche Sprache unterrichtet werden. Juden sollen teilhaben können am deutschen Bildungs- und Kulturaufschwung. Und so schreibt Mendelssohn auch einen Großteil des Lesebuches für diese Schule.

Am 21. Dezember 1777, viele Jahre haben sie sich nicht persönlich gesehen, begegnen sich Mendelssohn und sein Freund Lessing noch einmal

Mendelssohn in seiner Wahlheimat Berlin.

– in Wolfenbüttel, wo Lessing Bibliothekar an der Herzog-August-Bibliothek ist. Es ist das letzte Mal, dass Lessing und Mendelssohn, die beiden Aufklärer, sich zum Schachspiel treffen. Lessing ist bester Stimmung, noch ahnt niemand seinen frühen Tod. Ihre Zuneigung ist unverwüstlich, das Ritual des Schachspiels beschwört die alte Jugendfreundschaft – auch wenn sie sich philosophisch entfernt haben. Lessing träumt von der Erziehung des ganzen Menschengeschlechtes und geht dabei über die Religionen hinweg. Ganz anders Mendelssohn. Er will den Glauben seiner Väter mit der Aufklärung verbinden.

Seine Vision: Glaubensfreiheit, Gewissensfreiheit, gleiche Rechte aller Staatsbürger. »Laßt uns die Rechte der Menschheit mitgenießen«, fordert Moses Mendelssohn für die Juden in »Jerusalem oder über die religiöse Macht und Judenthum«. Immanuel Kant, der große Aufklärer aus Königsberg, nennt Mendelssohns Werk die Verkündigung einer großen Reform, ist beeindruckt, gratuliert. Denn, was Mendelssohn für die Juden fordert, soll für alle Menschen gelten.

Mendelssohn in Berlin ahnt nicht, dass in ein paar Jahren Tausende in Paris »Freiheit, Gleichheit, Brüderlichkeit« fordern werden. Dass es 1789 eine Französische Revolution sein wird, die endlich die rechtliche Gleichstellung der Juden Europas einleitet. Gewaltsam durchgesetzt, was er mit beharrlicher Behutsamkeit forderte.

Heute steht in Berlin Unter den Linden das Denkmal Friedrich des Zweiten. Unter dem Schwanz seines Pferdes haben Preußens große Aufklärer ihren Platz – auf dem Sockel ihres Monarchen. Gotthold Ephraim Lessing steht da – und neben ihm Immanuel Kant. Moses Mendelssohn – der größte jüdische Aufklärer seiner Epoche – fehlt in ihrer Mitte.

Am Ende seines Lebens wird Mendelssohn feststellen, dass Lessing der einzige Deutsche war, der ihm vorurteilsfrei gegenübertrat, in einem Brief an Johann Gottfried Herder beklagt er den frühen Tod seines Freundes: »Und nun Lessings Tod! Der einzige Mann, an dem ich seit mehr als 30 Jahren keine Spur von dieser Gesinnung wahrgenommen, der so allezeit ungeteilten Herzens, ganz sich selbst gleich, ganz mein Freund und Wohlthäter blieb! Der Tod dieses Freundes, mit dem ich zu leben gleichsam gewohnt war, hat in meinem Herzen eine tiefe Wunde geschlagen…«.

Theodor Herzl – der Visionär des Staates Israel

Theodor Herzl (1860–1904), Schriftsteller und Journalist, forderte die Errichtung eines selbstständigen jüdischen Nationalstaates. Er berief 1897 den ersten zionistischen Weltkongress in Basel ein und wurde zum Begründer des politischen Zionismus.

Edlach, ein beschaulicher Kurort – im Jahre 1904. Wie hier in Österreich leben überall in Westeuropa die Juden als Staatsbürger mit allen Rechten und Pflichten. Sind zumeist erfolgreich und akzeptiert. Die Abwendung von ihrer Religion, das Leben nach christlichen Regeln und Bräuchen, gehört für viele Juden Westeuropas in jener Zeit wie selbstverständlich dazu. Trotz ihrer Assimilation bleibt den Juden der Zugang zur staatlichen Laufbahn entweder vollkommen versperrt oder ist nur sehr begrenzt möglich. So weichen viele auf freie Berufe aus, sind Ärzte, Anwälte, Journalisten, Künstler.

Einer dieser Intellektuellen, ein Prominenter, ist seit Wochen Patient in einem Sanatorium von Edlach: Theodor Herzl – der Herr Doktor, wie der Führer der zionistischen Bewegung österreichisch-korrekt betitelt wird. Er ist erst 44 Jahre alt – doch sein Herz will nicht mehr. Obwohl sich drei Ärzte um den Kranken bemühen, sein Zustand bessert sich einfach nicht. Schwerkrank ist Herzl und ausgebrannt. Und er ahnt, dass er nicht mehr lange zu leben hat.

Theodor Herzl im Sanatorium von Edlach.

Seinem engen Freund und Wegbegleiter Wolffsohn schreibt er: »Machet keine Dummheiten, während ich todt bin!« Seine ganze Kraft, seine Gesundheit, sein Vermögen hat Herzl einer Idee gewidmet: der Gründung eines jüdischen Staates.

Bis zur völligen Erschöpfung hat Herzl für seine Vision gekämpft, vergeblich versucht, ein Land für die Juden zu finden, bei Politikern und gekrönten Häuptern vorgesprochen. Er ist durch die halbe Welt gereist – bis nach Palästina. Doch nun mehrt sich die Kritik in den eigenen Reihen. Theodor Herzl ist längst nicht mehr der unumstrittene Führer der zionistischen Bewegung. Allen Niederlagen zum Trotz – von einem Gedanken ist der sterbenskranke Mann zutiefst überzeugt: den Grundstein für den Judenstaat gelegt zu haben. »... Wenn ich das heute laut sagte, würde mir ein universelles Gelächter antworten. Vielleicht in 5 Jahren, vielleicht in 50 Jahren wird es jeder einsehen.«

Theodor Herzl sollte Recht behalten. 44 Jahre nach seinem Tod, 1948, wird Israel gegründet. Der erste Staat, den Juden seit zweitausend Jahren als ihre Heimat ansehen dürfen – seit der Zerschlagung des Königreichs Judäa durch das Römische Imperium. Israel – schwer vorstellbar ohne Herzl, undenkbar ohne seinen rastlosen Einsatz.

1860. In Budapest wird Theodor Herzl geboren, wächst in der Metropole an der Donau in wohl behüteten

Verhältnissen auf. Der Knabe besucht mit seinem Vater regelmäßig am Schabbat die Synagoge. Doch weit prägender ist für ihn der Einfluss der Mutter – Theaterbesuche, Opernabende, deutsche Literatur und Kunst – das ist ihre Welt und bald auch die Theodor Herzls. Er liebt die Musik Wagners, die Dramen Schillers und die Gedichte Heines. Der brennende Wunsch, Schriftsteller zu werden, seine Liebe zur Heimat Österreich, seine enge Beziehung zur deutschen Kultur, das ist es, was den jungen Herzl vor allem beschäftigt. Nicht seine jüdische Herkunft. Schon früh schreibt er Theaterstücke, Gedichte und Erzählungen – allesamt in deutscher Sprache.

Wien. Hier beginnt der 18-jährige Theodor Herzl die klassische Karriere eines vielversprechenden jungen Mannes aus gutem Hause. Er studiert Jura und tritt der Studentenverbindung »Albia« bei. Hier findet man, wie auch in anderen liberalen und deutschnationalen Korporationen der 80er Jahre, zahlreiche jüdische Studenten. Zunächst ist seine Herkunft kein Thema, als »deutsch« gilt, wer sich dem deutschen Kulturbereich zugehörig fühlt, Konfession oder Rasse spielen keine Rolle. Dies ändert sich im März 1883: Bei einer Trauerfeier zu Ehren Richard Wagners am 5. März, die vom »Verein der deutschen Studenten« organisiert wird, hält Hermann Bahr, damals Fuchs der »Albia«, eine Rede, die mit antisemitischen Bemerkungen gespickt ist und von den Anwesenden begeistert gefeiert wird. Als Herzl dies erfährt, entscheidet er sich zum Austritt.

Liegt in diesem Lebensabschnitt des nicht religiösen, eher assimilierten Theodor Herzl der Beginn der Auseinandersetzung mit der »Judenfrage«? In seinem Tagebuch schreibt er später: »Wann ich eigentlich anfing, mich mit der Judenfrage zu beschäftigen? Wahrscheinlich, seit sie aufkam. Sicher seit ich Dührings Buch gelesen ... Im weiteren Verlauf der Jahre hat die Frage an mir gebohrt und genagt, mich gequält und sehr unglücklich gemacht.«

Das von Herzl erwähnte Buch ist Eugen Dührings »Die Judenfrage als Rassen-, Sitten- und Kulturfrage«, ein früher Vorbote einer neuen Welle des Antisemitismus, die sich mit Sicherheit auch auf die Stimmung in der Studentenverbindung »Albia« auswirkt. Dührings 1881 erschienene Publikation mag Herzl aus der Selbstzufriedenheit seines assimilierten Daseins aufgeschreckt haben; das Buch steckt voller Verleumdungen und Verdrehungen, verlangt die Aberkennung der Bürgerrechte und die Rückkehr der Juden ins Ghetto. Herzl beginnt, sich als Jude zu fühlen, stellt sich ganz ursprünglich und emotional auf die Seite seines diffamierten Volkes. Er fragt: »Wie hätte sich eine solche niedrige, talentlose Rasse so lange erhalten können, durch anderthalb Jahrtausende unmenschlichen Druckes, wenn gar nichts Gutes an ihr wäre?«

Zur Zeit der Konfrontation mit Dührings antisemitischem Pamphlet ist Theodor Herzl erst 21 und steckte mitten im Studium. Drei Jahre später schließt er sein Jurastudium ab, promoviert zum Doctor juris. und arbeitet ein Jahr beim Landgericht als Gerichtspraktikant. Dann entschließt er sich, den Dienst zu quittieren und als freier Schriftsteller zu leben. Ab 1885 schreibt er für verschiedene Zeitungen kleinere Beiträge, schafft es bald zur angesehensten deutschsprachigen Tageszeitung, der »Neuen Freien Presse«. Bis zu seinem Tod wird er Redakteur des liberalsten Wiener Blattes bleiben, es bis zum Leiter der Feuilletonredaktion bringen.

Doch sein Herz gehört dem Burgtheater. Für diese Bühne zu schreiben, hier bejubelt zu werden – das ist sein Traum. Und mit dreißig hat er es geschafft. An der berühmten Wiener Burg wird Herzls Komödie »Wilddiebe« aufgeführt.

Eine glatte Wiener Karriere – wäre da nicht seine jüdische Herkunft. Herzl selbst sieht sich als Freigeist, als Atheist. Mit dem Glauben seiner Väter hat er wenig im Sinn. Andere stoßen ihn immer wieder auf seine Wurzeln zurück.

Theodor Herzl spürt am eigenen Leibe, dass Juden trotz ihrer Anpassung weiterhin diskriminiert werden. Noch immer denkt er wie ein Burschenschaftler. Er betrachtet die Judenfrage als eine Frage der Ehre. Einer Freundin schreibt er: »... ein halbes Dutzend Duelle würde die gesellschaftliche Position der Juden sehr heben.« Einem jüdischen Bankier schlägt er vor, Preisgelder auszuloben für Juden, die großes in Wissenschaft, Technik und Medizin leisten. So soll das Ansehen der Juden steigen. Manchmal erreichen seine Ideen den Grad von Größenwahn: »Ich wollte mir Zutritt zum Papst verschaffen, nicht ohne mich vorher des Beistandes österreichischer Kirchenfürsten versichert zu haben, und ihm sagen: Helfen Sie uns gegen die Antisemiten und ich leite eine große Bewegung des freien und anständigen Übertritts der Juden zum Christenthum ein. Am helllichten Tage, an Sonntagen um zwölf Uhr, sollte in feierlichen Aufzügen unter Glockengeläute der Übertritt stattfinden in der Stephanskirche. Nicht verschämt, wie es Einzelne bisher getan hätten, sondern mit stolzen Gebärden. Und dadurch, dass die Führer Juden blieben, das Volk nur bis zur Kirchenschwelle begleiteten und selbst draussen blieben, sollte ein Zug grosser Aufrichtigkeit das Ganze erheben.«

Wenn Herzl später zurückblickt auf diese Zeit, sieht er sich als jungen Mann, der unbedingt dazugehören will. Um jeden Preis. Auch zur Wiener Welt des Feuilletons – mit all den Konzerten, Theaterkomödien, den neuesten Unterhaltungsromanen. Doch auf der Straße findet der Antisemitismus immer mehr Anhänger, wird zur politischen Bewegung. Und er – schrieb Feuilletons. Wiener Knechtschaft. Und reagieren konnte er nur hilflos, versuchte es mit einem Roman, dann mit einem Theaterstück. Bis für ihn endlich feststand: »Die Politik ist das Sprungbrett, an dem ich mich hochschwingen werde.«

So geht er als Auslandskorrespondent der »Neuen Freien Presse« nach Paris. Die vier Jahre in Paris verwandeln Herzl. Jetzt ist nicht mehr das Theater, jetzt ist die Politik sein Metier. Im Regierungspalais Bourbon blickt er hinter die Kulissen der Macht, wächst in seine Rolle auf der politischen Bühne hinein. Und plötzlich gewinnt das jüdische Thema für ihn höchste Aktualität.

Als Korrespondent der »Neue Freie Presse« erlebt er als Berichterstatter den vielleicht wichtigsten politischen Prozess des ausgehenden 19. Jahrhunderts. Den Prozess gegen den französischen Generalstabshauptmann Alfred Dreyfus.

Ein unglaublicher Fund steht am Anfang dieses dramatischen Gerichtsverfahrens, das Theodor Herzl von Anfang bis Ende miterlebt. Im Papierkorb der deutschen Botschaft in Paris findet sich ein Schreiben, in dem ein Unbekannter den Deutschen den Verrat französischer Militärgeheimnisse anbietet. Entdeckt hat diesen Brief eine französische Agentin. Als Verfasser wird sofort Alfred Dreyfus verdächtigt und niemand anderes – ausgerechnet Dreyfus aber ist auch der einzige jüdische Offizier im Generalstab. Der wahre Verfasser dagegen, Sohn eines hohen französischen Generals, bleibt unerkannt. Dreyfus wird allen Unschuldsbeteuerungen zum Trotz der Prozess gemacht. Die Presse in Frankreich richtet den jüdischen Angeklagten schon lange vor seiner absehbaren Verurteilung in gehässigen Schmähungen. Die Zustimmung der Leser ist ihr dabei sicher.

Alfred Dreyfus.

Am 5. Januar 1895 erlebt Theodor Herzl den tragischen wie auch skandalösen Höhepunkt der Affäre: Hauptmann Alfred Dreyfus werden im Hof der Ecole Militaire vor den Augen seiner Kameraden die Rangabzeichen abgerissen und sein Degen zerbrochen. Dreyfus schreit vor der Truppe seine Unschuld heraus. Noch stärker als die ohnehin entwürdigende Prozedur aber bleibt Herzl das antisemitische Gebrüll der Pariser Bürger im

Gedächtnis. Dieses Erlebnis, bekennt er später, habe ihn tief beeindruckt. Der Wutschrei der Menge »A mort! A mort les juifs – Tod allen Juden!« habe ihm gezeigt, dass hier nicht ein jüdischer Verdächtigter als Verdächtigter, sondern als Jude verfolgt wurde.

Weggehen? Auswandern? Die schockierenden Pariser Ereignisse lösen ganz neue Gefühle in Herzl aus. Durch den Dreyfus-Prozess ist die Judenfrage für ihn zu einer politischen Frage geworden, die einer politischen Lösung bedarf und nicht individuell gelöst werden kann. Er hatte verstanden: »Vergebens sind wir treue und an manchen Orten sogar überschwängliche Patrioten ... In unseren Vaterländern, in denen wir ja auch schon seit Jahrhunderten wohnen, werden wir als Fremdlinge angeschrieen ... Wenn man uns in Ruhe ließe ... Aber ich glaube, man wird uns nicht in Ruhe lassen.«

Zum ersten Mal denkt er an ein eigenes Land für die Juden. Er wendet sich an Baron Maurice de Hirsch und die Rothschilds. Von ihnen verspricht er sich Hilfe bei der Gründung einer jüdischen Heimstatt. In einem Briefe an den Baron Hirsch schreibt er: »... Niemand dachte daran, das Gelobte Land dort zu suchen wo es ist – und doch liegt es so nahe. Da ist es: In uns selbst! Ich lüge niemandem etwas vor. Jeder kann sich überzeugen, dass ich die Wahrheit rede. Denn jeder nimmt ein Stück des Gelobten Lande in sich und mit sich hinüber. Der in seinem Kopf, der in seinen Händen und der dritte in seinen Ersparnissen. Das Gelobte Land ist dort, wohin wir es tragen!« (...) Ich glaube, für mich hat dass Leben aufgehört und die Weltgeschichte begonnen.«

Doch der kleine Journalist mit den hochfliegenden Plänen stößt auf taube Ohren bei Hirsch und den Rothschilds. Von seiner Vision aber lässt er sich nicht abbringen. Wie im Fieberwahn schreibt Theodor Herzl in den nächsten Wochen – als hätte er Angst, auch nur eine Minute zu vergeuden, einen Gedanken zu verlieren, bevor er ihn zu Papier gebracht hat. Es ist eine vermessene Idee – »Der Judenstaat« nennt er sie. Das schmale Büchlein erscheint im Februar 1896 – und verändert die Welt. Kaum eine Andeutung des religiösen Zionsgedankens ist in Herzls »Judenstaat« zu finden. »Ich halte die Judenfrage weder für eine soziale noch eine religiöse, wenn sie sich auch so oder anders färbt. Wir sind ein Volk, ein Volk.« Herzl ist es prinzipiell gleichgültig, an welcher Stelle der neu zu gründende Nationalstaat liegen soll, sofern die »geologischen, klimatischen, kurz – natürlichen Verhältnisse aller Art« eine Ansiedlung einer großen Zahl von Menschen ermögliche.

Der Erste, dem er das Manuskript des Judenstaates anvertraut, reagiert verstört auf Herzls Vision: »Durch diese Sache machen Sie sich entweder lächerlich oder tragisch.« Herzl lässt sich dennoch nicht beirren. »Ich weiß, das klingt verrückt: Man wird mich in der ersten Zeit noch oft für verrückt halten, bis man die Wahrheit alles dessen, was ich sage, erschüttert einsieht. Ich habe die Lösung gefunden und sie gehört nicht mehr mir. Sie gehört der Welt.«

1895 kehrt er zurück nach Wien. Von hier aus will er die Idee eines jüdischen Staates in die Welt tragen. Und die Welt, das sind für ihn vor allem Staatsmänner und einflussreiche Persönlichkeiten. Sie muss er erreichen, mit ihnen die Judenfrage zu einer Frage der Weltpolitik machen. Also reist er: In London stellt er seine Ideen dem Klub der Makkabäer vor. Dort gelingt es ihm, Kontakt zu wichtigen Persönlichkeiten zu knüpfen. Später reist er nach Konstantinopel – hier verhandelt er mit dem Sultan Abdul Hamid, dem Herrscher über Palästina. Und wieder nach London, um mit der Hilfe Lord Rothschilds Geld für die Besiedlung des Judenstaates zu beschaffen. Man hört ihm zu – dem Staatsmann ohne Volk und Land. Doch erreichen kann er nichts. Gilt er als privater Liebhaber zionistischer Ideen?

1897 bündelt er alle Energie: Sein Vermögen steckt er in die erste jüdische Wochenschrift Wiens, die »Welt«, schreibt Kolumnen und Reportagen, um seine jüdische Staatsidee zu verbreiten. Im selben Jahr lädt er jüdische Repräsentanten ein zum ersten Weltkongress der Zionisten nach Basel.

In einem Aufruf wendet man sich an alle Juden der Welt, Abgesandte nach Basel zu schicken, erstmals seit 2000 Jahren sollen Juden über eine gemeinsame politische Zukunft diskutieren. Knapp 250 Juden folgen dem Aufruf. Am 29. 8. 1897 treten die Delegierten das erste Mal zusammen. Die Teilnehmer kommen aus ganz Europa, aus Nordamerika, Nordafrika und Palästina. Die Versammlung soll dem Anliegen würdig sein, auch die Kleiderordnung staatsmännisches Gewicht demonstrieren. Zahlreiche Zuschauer und Journalisten nehmen auf den Rängen an der Eröffnung teil. Herzls Rede wird begeistert gefeiert. Er eröffnet sie mit den Worten: »Wir wollen den Grundstein legen zu dem Haus, das dereinst die jüdische Nation beherbergen wird … Der Zionismus ist die Heimkehr der Juden zum Judentum noch vor der Rückkehr ins Judenland«. Die Auseinandersetzung zu programmatischen Fragen mündet schließlich im »Baseler Programm«.

Gären auf dem ersten Kongress die Richtungsstreitigkeiten der verschiedenen Fraktionen noch im Hintergrund, soll sich dies auf den nächsten Kongressen ändern. Die Gegensätze in kulturellen, religiösen und politischen Fragen brechen offen aus. Daneben leistet auch das assimilierte Judentum, das mit der Idee des Zionismus nur wenig anfangen kann, heftigen Widerstand. Diese an die christliche Umwelt angepassten Juden verstehen sich als Deutsche, Franzosen oder Engländer, fühlen sich in den jeweiligen Wohnländern verwurzelt und stehen Herzls Judenstaatsgedanken vollkommen ablehnend gegenüber.

Nach dem zweiten zionistischen Kongress versucht Herzl, Wilhelm II. als politischen Verbündeten für einen Judenstaat zu gewinnen. Nach Palästina, dem Ziel des Zionismus, dem Land, das im Schicksal und Bewusstsein des jüdischen Volkes eine so entscheidende Bedeutung hat – nach Erez Israel fährt er jetzt. Herzl weiß eine ganze Bewegung hinter sich. Das stärkt ihm den Rücken für die Begegnung, von der er den Durchbruch für den Judenstaat erwartet. Wilhelm II. weilt gerade auf einer Reise durch den Orient. Zweimal trifft sich Herzl mit dem deutschen Kaiser in Palästina – ein paar Meilen vor Jerusalem und in der kleinen Siedlung Mikwe Israel. Die Begegnung ist gut vorbereitet: Schon in persönlichen Gesprächen in Berlin und Konstantinopel hat Wilhelm der II. Herzl gegenüber sein Wohlwollen geäußert. Er macht kein Hehl daraus, dass er jüdische Sozialdemokraten lieber in Palästina sähe als im deutschen Kaiserreich. Selbst Herzls Wunsch nach einem deutschen Protektorat für die Juden verschließt er sich nicht. Der von Herzl eigens engagierte Fotograf verpasst den Moment des historischen Handschlags zwischen Herzl und dem Kaiser. Als nähme er Herzls bittere Enttäuschung vorweg. Denn der Kaiser versagt schließlich seine Unterstützung.

Bis zu seinem Lebensende lässt Herzl der Verdacht nicht los, versagt zu haben. »Manche Fehler, die ich begangen habe, quälen mich immer wieder in der Erinnerung. Der größte Fehler war, dass ich in Jerusalem nicht an der Einzugspforte der Juden auf den Kaiser wartete. Für den symbolische Gesten liebenden Kaiser wäre das Richtige gewesen, wenn ich, den er als Oberhaupt der Juden ansah, ihn an der Schwelle unserer Stadt Jerusalem erwartet und begrüßt hätte. Da mag der Kaiser von mir abgekommen sein.«

Weitere Audienzen mit Wilhelm II. wird es nicht geben. Herzls Offensive in Jerusalem verpufft. Sein Traum von der sofortigen Schaffung einer Heimstatt der Juden in Palästina scheint geplatzt. Er steckt fest. Jetzt schreibt er wieder, präzisiert seine Vorstellungen von einem jüdischen Staatswesen, das sich auf Toleranz, Großmut und Menschenliebe gründet. »Altneuland« heißt schließlich der Roman, in dem er seine zionistische Utopie beschreibt. »Wenn ihr wollt, ist es kein Märchen« heißt seine Botschaft auch an die nun regelmäßig abgehaltenen Zionistenkongresse; zunächst finden sie jährlich, ab 1901 alle zwei Jahre statt, so dass es innerhalb der nächsten acht Jahre sechs Kongresse sein werden.

Immer größer wird die Zahl derjenigen, die sich unter der Fahne des Zionismus sammeln. Für Herzl steht fest: »Der Judenstaat ist ein Weltbedürfnis, folglich wird er entstehen.« Dafür sorgt auch der wachsende Antisemitismus. Im südlichen Russland fordern Pogrome Hunderte Tote. In Rumänien werden zur Jahrhundertwende alle Juden aus dem Land ge-

Das Baseler Stadtcasino war der Tagungsort der ersten zionistischen Weltkongresse.

trieben. Eine neue Heimstatt für die Juden wird dringend gebraucht, doch die Mächtigen der Welt schweigen. Wieder geht Herzl auf politische Mission: In Sankt Petersburg erkundet er die Haltung des Zaren zur Umsiedlung der russischen Juden. Wieder einmal Konstantinopel: Doch der Sultan bleibt bei seinem Nein zum Judenstaat in Palästina. Schließlich London – ein Lichtblick. Kolonialminister Chamberlain beugt sich mit Herzl über die Karte des britischen Empire. Seine Hand deutet auf Uganda. Hier wäre Platz für eine jüdische Heimstatt.

August 1903. Zum letzten Mal nimmt Theodor Herzl am Zionistenkongress teil. Die Atmosphäre im Baseler Stadtcasino ist aufgeladen. Viele Delegierte sind empört: Ein Judenstaat in Uganda statt in Erez Israel? Hat Herzl alles vergessen, was einem Juden heilig ist? Die Spaltung der zionistischen Bewegung droht. In letzter Minute lenkt Herzl ein, erklärt sein Uganda-Projekt zur Zwischenstation auf dem Weg nach Palästina.

Seine letzten Worte auf dem Kongress klingen lange in ihm nach. Die Tränen in den Augen vieler Delegierten wird er nicht vergessen. Das Aufatmen, als er am Rednerpult die Rechte hebt, Freunde und Gegner gleichermaßen beschwört: »Im eschkachech Jeruschalajim tischkach jemini! Wenn ich Dein vergesse Jerusalem, verdorre meine Rechte!«

Wolf-Rüdiger Schmidt

Dokumente

Die folgenden Texte bieten notwendigerweise nur eine begrenzte Auswahl aus einer großen Fülle sehr unterschiedlicher Quellen zur europäisch-jüdischen Geschichte. Sie sollen als Originalaussagen an der einen oder anderen Stelle »Glanz und Elend der Juden in Europa« ein Stück weit sichtbar machen und erhellen. Eine kurze Angabe zum jeweiligen historischen Kontext kann als erste Verstehenshilfe dienen. Für eine erweiterte Perspektive wird auf den Beitrag von Michael Brenner in diesem Buch (S. 9 ff.) verwiesen. Umfassende Quellensammlungen liegen u. a. vor von Julius Höxter, Julius Schoeps, Günter Stemberger, Monika Richarz, jüngst auch von Uri Kaufmann oder auch in den beiden Bänden »Kirche und Synagoge«.

Frühe Wegmarken

Die Geschichte des Volkes Israel reicht zurück bis in die Zeit nomadischer und halbnomadischer Stämme im Dreieck zwischen den Flüssen Euphrat und Tigris, dem Nildelta und dem östlichen Mittelmeer. Die Israeliten tauchen zum ersten Mal greifbar in der Mitte des 2. Jahrtausends vor der Zeitenwende auf. Erinnert werden die Patriarchen Abram, Isaak und Jakob, mit denen Gott einen Bund schließt, Hungersnöte und Zwangsarbeit in Ägypten, der Auszug aus der Knechtschaft, eine wunderbare Errettung, die Person des Moses, des Gesetzgebers, der die Israeliten bis an den Rand des gelobten Landes führt, die Landnahme, die historisch für 1200 vor der Zeitenwende anzusetzen ist, eine Zeit der Richter und Könige, der Bau eines Heiligtums in Jerusalem, große Bedrängnisse durch Feinde, das Auftreten wortmächtiger Propheten, das babylonische Exil und eine Phase des Neuanfangs. Unlösbar verbunden mit dieser Erinnerung ist der sich langsam herausbildende Glaube, dass der Ewige, der letztlich unbenennbare Gott der Väter, der Einzige und Eine ist, der sich am Berg Horeb in einem brennenden Dornbusch offenbart und seinem Volk auf dem Sinai das Gesetz anvertraut hat, das schließlich in einer Vielzahl weiterer Entfaltungen und Anwendungen das religiöse und alltägliche Leben seines Volkes ordnet.

Im Folgenden finden sich einige der frühen Texte (siehe 1 bis 4), die seit dem 6. Jahrhundert vor unserer Zeitrechnung niedergeschrieben und weitergegeben wurden.

1 »Ich errichte meinen Bund zwischen dir und mir« – Genesis 17

Als aber Abram neunundneunzig Jahre war,
ließ Er vor Abram sich sehen und sprach zu ihm:
Geh einher vor meinem Antlitz! sei ganz!
Ich aber gebe meinen Bund zwischen mich und dich
und mehre dich reich, überreich.
Abram fiel auf sein Antlitz.
Gott aber redete mit ihm, sprechend:
Ich,
da, mein Bund ists mit dir,
dass du Vater wirst eines Getümmels von Stämmen.
Nicht werde fortan Abram dein Name gerufen,
sondern dein Name sei Abraham,
denn zum Ab-Hamon Gojim –
zum Vater eines Getümmels von Stämmen gebe ich dich.
Ich lasse dich fruchttragen reich, überreich,
ich gebe dir, zu Stämmen zu werden,
Könige fahren von dir aus.
Ich errichte meinen Bund zwischen mir und dir und deinem Samen nach dir in ihre Geschlechter, zu einem Weltzeit-Bund,
dir Gott zu sein und deinem Samen nach dir.
Ich gebe dir und deinem Samen nach dir das Land deiner Gastschaft, alles Land Kanaan, zu Weltzeit-Hufe,
und ich will ihnen Gott sein.
Gott sprach zu Abram:
Du aber,
du wahre meinen Bund, du und dein Same nach dir in ihre Geschlechter.
Dies ist mein Bund, den ihr wahren sollt, zwischen mir und euch und deinem Samen nach dir:
Beschnitten unter euch sei alles Männliche.
Am Fleisch eurer Vorhaut sollt ihr beschnitten werden, das sei zum Zeichen des Bundes zwischen mir und euch.

[Genesis 17,1–11]

2 »Der Gott der Väter ... gab uns dieses Land« – Deuteronomium 26

Du aber stimm an, sprich vor SEINEM deines Gottes Antlitz:
Abgeschweifter Aramäer mein Ahnvater,
er zog nach Ägypten hinab,

er gastete dort, wenige Leute,
er wurde dort zu einem Stamm, groß, markig und zahlreich,
übel taten uns die Ägypter, sie bedrückten uns,
harten Dienst gaben sie uns auf,
wir schrien zu Ihm, dem Gott unsrer Väter,
Er hörte unsre Stimme,
er sah unsre Bedrückung, unsre Mühsal, unsre Qual an,
Er führte uns aus Ägypten
mit starker Hand, mit gestrecktem Arm,
mit großer Furchtbarkeit, mit Zeichen und mit Erweisen,
ließ uns kommen an diesen Ort,
gab uns dieses Land,
Land, Milch und Honig träufend.
Und nun,
da lasse ich den Anfang der Frucht des Bodens dir zukommen,
die du mir gegeben hast Du.

[Deuteronomium 26,5–10]

3 »Höre Jisrael ... Er Einer!« – Deuteronomium 6

Höre Jisrael:
Er unser Gott, Er Einer!
Liebe denn
Ihn deinen Gott
mit all deinem Herzen, mit all deiner Seele, mit all deiner Macht.
Es seien diese Reden, die ich heuttags dir gebiete, auf deinem Herzen,
einschärfe sie deinen Söhnen,
rede davon,
wann du sitzest in deinem Haus und wann du gehst auf den Weg,
wann du dich legst und wann du dich erhebst,
knote sie zu einem Zeichen an deine Hand,
sie seien zu Gebind zwischen deinen Augen,
schreibe sie an die Pfosten deines Hauses und in deine Tore!

[Deuteronomium 6,4–9]

4 »Zion, preise deinen Gott« – Psalm 147

Preiset oh Ihn!

Denn gut ists, harfen unserem Gott,
denn fein ists, Preisung geziemt.
Er erbaut Jerusalem auf,
die Verstoßnen Jisraels stapelt er ein,
er, der heilt die gebrochenen Herzens
und der ihre Wunden verbindet.
Der den Sternen die Zahl zubestimmt,
allen ruft Namen er zu.
Groß ist unser Herr, reich an Kraft,
für seine Vernunft ist keine Zahl.
Die sich Beugenden macht Er überdauern,
die Frevler niedert er bis zur Erde.
Wechselsinget Ihm zum Dank,
spielt unserm Gott auf der Leier,
der den Himmel hüllt in Gewölk,
der der Erde Regen bereitet,
der die Berge Gras sprießen heißt,
dem Vieh seine Speise gibt,
den jungen Raben, wonach sie rufen.
Nicht an des Rosses Gewalt hat er Lust,
nicht an den Schenkeln des Mannes Gefallen,
Gefallen hat an den ihn Fürchtenden Er,
an ihnen, die auf seine Huld harren.

Rühme, Jerusalem, Ihn,
Zion, preise deinen Gott,
dass die Riegelbalken deiner Tore er stärkt,
deine Söhne dir im Innern segnet,
der in Frieden setzt deine Gemarkung,
mit Weizenfette sättigt er dich.
Der seinen Spruch sendet zur Erde,
gar schnell läuft sein Wort her,
der Schnee gibt wie Wolle,
Reif verstreut er wie Asche,
der sein Eis hinwirft wie Brocken,
vor seinem Froste wer kann bestehn!

Er sendet sein Wort und es schmelzt sie,
er bläst seinen Wind, Wasser rinnen.
Jaakob sagt seine Worte er an,
Jisrael seine Gesetze und Rechtsgeheiße.
Nicht hat er irgendeinem Stamm so getan,
die Rechtsgeheiße, sie blieben unbekannt ihnen.

Preiset oh Ihn!

[Psalm 147]

Entfaltungen

Seit dem 2. vorchristlichen Jahrhundert und verstärkt seitdem Cäsar und Augustus in Rom zu Herrschern über die Länder des Mittelmeers wurden, verließen viele Juden freiwillig – nicht wenige jedoch auch gezwungen – ihr Land. Ihr Bekenntnis zu dem einen, dem einzigen Gott machte sie für viele Menschen im Polytheismus des römischen Reiches anziehend, zugleich aber oft auch zu Fremden. Mit der Zerstörung des Jerusalemer Tempels 70 n. d. Z. und der endgültigen Niederschlagung des jüdischen Aufstandes im Jahr 135 musste sich das religiöse Leben der Juden völlig neu orientieren. In der frühen jüdischen Diaspora sind der Geschichtsschreiber Flavius Josephus (siehe 11 und S. 84 ff.) *und der Philosoph Philo von Alexandrien, der die Thora und griechische Weisheit zu verknüpfen suchte* (siehe 5), *herausragende Persönlichkeiten.*

Mit dem Talmud, der vielschichtigen rabbinischen Auslegung der Thora, ist aus der Mischna (siehe 6), *einer um 200 n. d. Z. abgeschlossenen Sammlung der mündlichen Überlieferung, und weiterer über Jahrhunderte gesammelter, ergänzender Ausführungen (Gemara) ein für den Glauben der Juden einmaliges Dokument entstanden. Im Talmud werden fast alle Fragen des alltäglichen und rituellen Lebens sorgfältig, manchmal heiter und oft auch hintergründig und dialogisch, gelegentlich auch spitzfindig behandelt* (siehe 7).

Daneben findet sich eine reiche synagogale Dichtung (siehe 9). *Im 11. Jahrhundert ging von Rabbi Schlomo ben Jizchak – genannt Raschi – eine nachhaltige Verbreitung talmudischen Wissens in Europa aus* (siehe 8 und S. 92 ff.). *Als großer Poet gilt Jehuda Halevi (gest. 1142), der die bleibende Sehnsucht nach Zion für Juden unvergänglich beschrieb* (siehe 10).

5 Jüdischer Glaube in griechischer Umwelt – Philo (90 v.–40 n. d. Z.)

Wenn man die Gesetze der anderen einer Betrachtung unterzieht, so wird man finden, dass sie aus sehr vielen Anlässen geändert worden sind, infolge von Kriegen oder auf Befehl von Alleinherrschern oder aus anderen unerwünschten Ursachen, die durch plötzliche Änderungen des Geschickes hereinbrachen. Oft aber veranlasste auch übertriebenes Wohlleben infolge von Wohlhabenheit und reichem Überfluss eine Aufhebung der Gesetze, da die Menge ein ›Zuviel des Guten‹ nicht ertragen konnte, sondern aus Übersättigung übermütig wurde; Übermut aber ist der Feind des Gesetzes. Dagegen ist Moses der einzige, dessen Gesetze von Dauer waren und unverändert und unerschütterlich blieben, wie von der Natur selbst mit ihrem Siegel gezeichnet, und seit dem Tage, da sie aufgeschrieben worden sind, bis heute fortbestehen und, wie wir hoffen dürfen, auch für alle künftige Zeit bestehen und gewissermaßen unsterblich sein werden, solange Sonne und Mond und der gesamte Himmel und das Weltall besteht. Trotz so vieler Wechselfälle des Volkes in Glück und Unglück wurde nichts, auch nicht das geringste, an seinen Gesetzen geändert; denn alle hielten offenbar ihre Erhabenheit und Göttlichkeit in hohen Ehren.

Fast vom Sonnenaufgang bis zum Sonnenuntergang steht jedes Land und Volk und Staatswesen den fremden Bräuchen mit Abneigung gegenüber und vermeint die Schätzung der eigenen Einrichtungen durch Missachtung der andern zu erhöhen. Nicht so verhält es sich mit unseren Gesetzen. Sie locken alle an sich und wissen sie zu gewinnen, Barbaren, Hellenen, Bewohner des Festlands, Inselbewohner, Völker des Orients und des Okzidents, Europa, Asien, die ganze bewohnte Welt von einem Ende bis zum andern. Wer z. B. hielte nicht den bekannten heiligen Sabbat in hohen Ehren, Rast von Mühen und Erholung sich selbst und seiner Umgebung, nicht Freien nur, sondern auch Sklaven, ja noch mehr, auch den Lasttieren gönnend!

[Über das Leben Mosis]

6 Sündenvergebung – Text der Mischna – um 200 n. d. Z.

Wenn jemand sagt: ich will sündigen und Buße tun, [wieder] sündigen und Buße tun, so wird ihm nicht vergönnt, Buße zu tun. [Wer spricht:] ich will sündigen und der Versöhnungstag wird es sühnen, für den hat der Versöhnungstag keine sühnende Wirkung. Sünden des Menschen gegen Gott sühnt der Versöhnungstag, Sünden des Menschen gegen seinen Nebenmenschen sühnt der Versöhnungstag nicht, bis man seinen Nebenmenschen besänftigt hat. Das leitete R. Eleasar ben Asarja aus der Schriftstelle ab: ›Von all euren Sünden vor Gott sollt ihr rein werden.‹ [III. B. M. 16,30] [...] R. Akiba sprach: ›Heil euch, Israel! Wer ist's, vor dem ihr euch reinigt, und wer ist's der euch reinigt? Euer Vater im Himmel.‹ Denn so heißt es: ›Ich werde reines Wasser auf euch sprengen und ihr werdet rein werden.‹

7 Die Praxis des Glaubens – aus dem Talmud

Blatt aus den Sefer Halachot des nordafrikanischen Rechtsgelehrten Isaak Ben Jakob (1013–1103). Der Text folgt im Aufbau dem Babylonischen Talmud, ist aber knapper gehalten. Wegen dieser Kürze und Prägnanz erlangte das Buch große Popularität bei den jüdischen Rechtsgelehrten des Mittelalters.

[Gebet eines Lehrers:]

Rabbi Nechunja, Hakanas Sohn, sagte bei seinem Eintreten ins Lehrhaus und bei seinem Herausgehen ein Gebet – ein kurzes Gebet. Sie sagten zu ihm: Was für eine Bewandtnis hat es mit diesem Gebet? Er sagte zu ihnen: Bei meinem Eintreten sage ich als Gebet, dass sich durch mich nicht etwas Anstößiges ereigne, und bei meinem Herausgehen bringe ich Dank dar für meinen Anteil.

[Mischna Brachot IV,2]

[Verschiedene Segenssprüche:]

Wer einen Ort sieht, an dem für Israel Wunder getan wurden, sagt: Gelobt sei, der für unsere Väter an diesem Ort Wunder getan hat; – einen Ort, von dem Götzendienst ausgerottet wurde, sagt: Gelobt sei, der den Götzendienst aus unserem Land ausgerottet hat.

Über Kometen, über Erdbeben, über Donner, über Stürme und über Blitze sagt er: Gelobt sei, dessen Kraft und Macht die Welt erfüllt.

Über Berge, über Hügel, über Meere, über Flüsse und über Wüsten sagt er: Gelobt sei, der die Schöpfung macht. Rabbi Jehuda sagt: Wer das große Meer sieht, sagt: Gelobt sei, der das große Meer gemacht hat; so nur dann, wenn er es in Zeitabständen sieht.

[Unvoreingenommenheit:]

Unsere Meister lehrten: Du sollst keine Bestechung annehmen. Unnötig ist, dies von einer Bestechung durch Geld zu sagen, weil sogar eine Bestechung durch Worte verboten ist, da ja nicht geschrieben steht: Du sollst kein Bestechungsgeld annehmen. Wie soll man sich eine Bestechung durch Worte vorstellen? Wie es bei Schmuel war: Er setzte in einer Fähre über. Da kam ein Mann und reichte ihm seine Hand. Er sagte zu ihm: Was für Geschäfte hast du vor? Er sagte zu ihm: Ich habe einen Prozess. Er sagte zu ihm: Als Richter in deiner Sache wäre ich befangen.

[Ketubbot 105 b]

[Tue Buße einen Tag vor deinem Tode:]

R. Elieser sagte: ›Tue Buße einen Tag vor deinem Tod.‹ Die Schüler fragten R. Elieser: ›Weiß denn der Mensch, an welchem Tag er sterben wird?‹ Er erwiderte: ›Um so eher muss er heute Buße tun, vielleicht stirbt er morgen, und so wird er alle Tage in Buße verbringen.‹ So sagte auch Salomo in seiner Weisheit [Koh 9,8]: ›Zu jeder Zeit mögen deine Kleider weiß sein, und deinem Haupte mangle es nie an Öl.‹ T. Jochanan ben Sakkai sagte ein Gleichnis: ›Ein König lud einst seine Diener zum Gastmahl, bestimmte ihnen aber nicht die Stunde. Die Klugen schmückten sich und setzten sich vor das Tor des königlichen Schlosses, indem sie sprachen: ›Fehlt denn etwas im Haus des Königs?‹ Die Toren dagegen gingen zur Arbeit, indem sie sprachen: ›Gibt es etwa ein Mahl ohne Vorbereitung?‹ Plötzlich verlangte der König nach seinen Dienern; die Klugen traten geschmückt ein, die Toren dagegen im Schmutz. Da freute sich der König über die Klugen und zürnte über die Toren und sprach: ›Die sich zum Mahl geschmückt haben, mögen sich setzen, essen und trinken: die sich nicht geschmückt haben, mögen stehen bleiben und zuschauen.‹

[Sabbat 153a]

[Ein Wunder am Schabbat:]

Man wartet die Dunkelheit am Schabbat nicht ab.

Unsere Meister lehrten: Einem Frommen passierte folgendes: Die Feldummauerung fiel ihm zusammen, und er dachte darüber nach, sie zu schließen. Da fiel ihm ein, dass Schabbat ist. Da verzichtete der Fromme und schloss sie nicht. Da geschah ihm ein Wunder: Es wuchs ihm ein Kaperstrauch hervor, und von ihm ernährte er sich und seine Familie

[bSchabbat 150b]

8 Erklärung der Tora – Raschi (1040–1105)

[Ehrfurcht vor den Eltern:]

›Ein jeder ehrfürchte seine Mutter und seinen Vater‹; hier nennt er die Mutter vor dem Vater, weil es offenbar vor ihm ist, dass der Sohn den Vater mehr als die Mutter fürchtet; und bei der Ehrung [Ex 20,12] nennt er den Vater vor der Mutter, weil es offenbar vor ihm ist, dass der Sohn die Mutter mehr als den Vater ehrt, weil sie ihn mit Worten an sich zieht [Mech. Jitro]. ›Und meine Sabbate sollt ihr hüten‹; er verbindet den Sabbat mit der Ehrfurcht vor dem Vater, um zu sagen; wenn ich dir auch befohlen habe, den Vater zu ehrfürchten, dieser aber zu dir sagen sollte: ›Entweiht den Sabbat‹, so darfst du nicht auf ihn hören; und ebenso bei allen anderen Geboten.

›Ich bin der Ewige, euer Gott‹, du und dein Vater, ihr seid beide verpflichtet, mich zu ehren; darum höre nicht auf ihn, wenn er dich meine Worte zu übertreten heißt [Tor. koh.]. Womit bezeugt man Ehrfurcht? Man setze sich nicht auf den Platz des Vaters, man falle ihm nicht ins Wort und widerspreche seinen Worten nicht. Womit bezeugt man Ehre? Man gebe ihm zu essen und zu trinken, bekleide ihn und ziehe ihm Schuhe an, geleite ihn nach Hause und hinaus.‹

9 Synagogale Poesie um 750 – Eleasar Kalir

[Gebet um Tal [Tau] am ersten Tag des Pessachfestes:]

Tau gib, Herr, dass er dein Land erquicke

Und zu deiner Söhne Freud' beglücke
  Flur und Au;
Segne uns mit Most und mit Getreide,
und richt' auf die Stätte deiner Freude
  Durch Tau!
Tau lass ein gesegnet Jahr uns werden,
Dass in üpp'ger Pracht die Frucht der Erden
  Stets ich schau;
Und die Stadt, umringt von Feindes Hohne,
Mache sie mit starker Hand zur Krone
  Durch Tau.
Tau mög' segnend unsre Häuser weiten,
Und beglück' uns wie in früh'ren Zeiten!
  Zum Himmel blau
Ragen lass die Pforten, die erhöhten,
Pflege wieder uns gleich Blumenbeeten
  Durch Tau.
Tau mög' unsrer Saat zum Segen werden,
Dass nicht Not und Mangel mehr auf Erden
  Ich erschau!
Dass die Herde, die Du treu geleitest,
Du mit Deiner Gnade Schutz umbreitest
  Durch Tau.

10 »Israel lebt ewig« – Jehuda Halevi – 1145

Sonn' und Mond im Wechsel der Geschlechter,
Tag und Nacht als ew'ge Wächter,
So steht ewig Jakobs Same;
Gottes Linke mag sie lassen,
Gottes Rechte wird sie fassen:
Ew'ges Volk, das ist und bleibt ihr Name.

Ach, was fürchten sie und zagen,
In den schlimm und schlimmern Tagen,
Dass ihr Herz am Zweifel bricht! –
Glaubt an euer ewiges Bestehen!
Allsolang nicht Tag und Nacht vergehen,
Allsolang vergeht ihr selber nicht!

Im römischen Reich fielen die Juden gegenüber dem volkstümlichen religiösen Synkretismus der Antike durch ihre Gesetzestreue und ihren strengen Monotheismus auf. Es gab darum in vorchristlicher Zeit durchaus eine gelegentliche Polemik gegenüber dem jüdischen Glauben an den einen, unsichtbaren Gott, aber insgesamt duldete es die tolerante römische Gesellschaft, dass die Juden dem Gesetz ihrer Väter treu blieben. Dies bestätigt ein Erlass des Kaisers Augustus (siehe 11). *Ein weltgeschichtlich weit reichender Konflikt deutet sich zuerst in den Schriften des Apostels Paulus an, der in seinem Brief an die Römer, Kap. 11, die frühe Verachtung der Juden bei den ersten Christen entschieden zurückweist, auch wenn bei ihm zum ersten Mal vom Geist der Verstockung und einer Verschuldung der Juden gesprochen wird* (siehe 12). *Weltgeschichtlich einschneidender noch war die Entscheidung des Apostels, neu bekehrte Heiden von der Beschneidung und den Geboten des jüdischen Gesetzes zu befreien, was wohl zu erheblichen Konflikten mit den Judenchristen auch in der christlichen Gemeinde führte. Was als innerjüdische Auseinandersetzung in den frühen christlichen Gemeinden begann, bekommt schnell in der Konkurrenzsituation zwischen jüdischen und frühchristlichen Gemeinden eine Eigendynamik. In den Evangelien finden sich so ab 70 n. d. Z. scharfe Antijudaismen, besonders im Johannesevangelium, wo die Juden als Kinder des Teufels beschrieben werden* (siehe 13). *Die Christen verstehen sich nun als das »Neue« Gottesvolk, die hebräische Bibel wird zum »Alten« Testament und bald wird man den Vorwurf vom »Gottesmord« hören* (siehe 14). *Damit waren für die Heidenchristen die Juden ein kriminell schuldiges Volk, was der wohl größte christliche Theologe Augustinus endgültig und für mehr als 1000 Jahre folgenschwer formulierte* (siehe 15). *An Texten wie dem von Augustinus konnte sich die theologisch begründete Judenfeindschaft trotz langer Phasen guten Nebeneinanders von Juden und Christen immer wieder argumentativ entfachen.*

11 Die Rechte der Juden unter Kaiser Augustus – aus: Flavius Josephus (37/38 – nach 100 n. d. Z.), Antiquitates

Der Caesar Augustus, Pontifex maximus mit Tribunengewalt, tut hiermit kund und zu wissen: In Erwägung, dass das Volk der Juden nicht bloß jetzt, sondern auch schon früher und besonders zu den Zeiten meines Adoptivvaters Caesar, da Hyrkanus Hoherpriester war, sich dem römischen Volke treu und ergeben bewiesen, hat es mir und meinen Räten nach eingeholter Zustimmung des römischen Volkes gefallen, zu verordnen, dass die Juden bei ihren Einrichtungen und dem Gesetze ihrer Väter zu belassen sind, so wie es auch zu Zeiten Hyrkanus, des Hohenpriesters des höchsten Gottes, gewesen ist; dass ferner ihre Tempelgelder nicht angetastet werden dürfen, sondern dass es ihnen freistehen soll, dieselben nach Jerusalem zu schicken und den dortigen Tempelschatzmeistern abzuliefern, und endlich, dass sie am Sabbat oder dem ihm vorhergehenden Vorbereitungstage von der neunten Stunde an nicht mehr zu Bürgerschaftsleistungen gezwungen werden können. Wird jemand bei der Entwendung ihrer heiligen Bücher oder Gelder aus dem Sabbathause oder dem Hause ihrer Vorsteher betroffen, so soll er wie ein Tempelräuber behandelt und seine Besitzungen sollen als Eigentum des römischen Volkes erklärt werden.

[Erlass des Kaisers zu den Rechten der Juden in Kleinasien]

12 Paulus: Die jüdische Wurzel trägt die Christen

[Der erwählte »Rest« und das »verblendete Volk«: Römerbrief, Kap. 11,1–28:]

Ich frage also: Hat Gott sein Volk verstoßen? Keineswegs! Denn auch ich bin ein Israelit, ein Nachkomme Abrahams, aus dem Stamm Benjamin. Gott hat sein Volk nicht verstoßen, das er einst erwählt hat. Oder wisst ihr nicht, was die Schrift von Elija berichtet: Herr, sie haben deine Propheten getötet und deine Altäre zerstört. Ich allein bin übrig geblieben und nun trachten sie auch mir nach dem Leben. Gott aber antwortete ihm: Ich habe siebentausend Männer für mich übrig gelassen, die ihr Knie nicht vor Baal gebeugt haben. Ebenso gibt es auch in der gegenwärtigen Zeit einen Rest, der aus Gnade erwählt ist – aus Gnade, nicht mehr aufgrund von Werken; sonst wäre die Gnade nicht mehr Gnade. Das bedeutet: Was Israel erstrebt, hat nicht das ganze Volk, sondern nur der erwählte Rest erlangt; die übrigen wurden verstockt, wie es in der Schrift heißt: Gott gab ihnen einen Geist der Betäubung, Augen, die nicht sehen und Ohren, die

Petrus und Paulus, nach 313 dargestellt auf einer Steinplatte vom Grab eines Kindes. Während Petrus die Beschneidung und die Befolgung des jüdischen Gesetzes für die Nachfolger Jesu von Nazareth beibehalten wollte, lehnte Paulus dies ab. Diese Entscheidung führte zur Trennung von Christentum und Judentum.

nicht hören, bis zum heutigen Tag. Und David sagt: Ihr Opfertisch werde für sie zur Schlinge und zur Falle, zur Ursache des Sturzes und der Bestrafung. Ihre Augen sollen erblinden, so dass sie nichts mehr sehen; ihren Rücken beugen für immer!

Nun frage ich: Sind sie etwa gestrauchelt, damit sie zu Fall kommen? Keineswegs! Vielmehr kam durch ihr Versagen das Heil zu den Heiden, um sie selbst eifersüchtig zu machen. Wenn aber schon durch ihr Versagen die Welt und durch ihr Verschulden die Heiden reich werden, dann wird das erst recht geschehen, wenn ganz Israel zum Glauben kommt.

Euch den Heiden, sage ich: Gerade als Apostel der Heiden preise ich meinen Dienst, weil ich hoffe, die Angehörigen meines Volkes eifersüchtig zu machen und wenigstens einige von ihnen zu retten. Denn wenn schon ihre Verwerfung für die Welt Versöhnung gebracht hat, dann wird ihre Annahme nichts anderes sein als Leben aus dem Tod. Ist die Erstlingsgabe vom Teig heilig, so ist es auch der ganze Teig; ist die Wurzel heilig, so sind es auch die Zweige. Wenn aber einige Zweige herausgebrochen wurden und wenn du als Zweig vom wilden Ölbaum in den edlen Ölbaum eingepfropft wurdest und damit Anteil erhieltest an der Kraft seiner Wurzel, so erhebe dich nicht über die anderen Zweige. Wenn du es aber tust, sollst du wissen: Nicht du trägst die Wurzel, sondern die Wurzel trägt dich. Nun wirst du sagen: Die Zweige wurden doch herausgebrochen, damit ich eingepfropft werde. Gewiss, sie wurden herausgebrochen, weil sie nicht glaubten. Du aber stehst an ihrer Stelle, weil du glaubst. Sei daher nicht überheblich, sondern fürchte dich! Hat Gott die Zweige, die von Natur zum edlen Baum gehören, nicht verschont, so wird er auch dich nicht verschonen.

Damit ihr euch nicht auf eigene Einsicht verlasst, Brüder, sollt ihr dieses Geheimnis wissen: Verstockung liegt auf einem Teil Israels, bis die Heiden in voller Zahl das Heil erlangt haben; dann wird ganz Israel gerettet werden, wie es in der Schrift heißt:

Der Retter wird aus Zion kommen, / er wird alle Gottlosigkeit von Jakob entfernen.

Das ist der Bund, den ich ihnen gewähre / wenn ich ihre Sünden wegnehme.

Vom Evangelium her gesehen sind sie Feinde Gottes, und das um euretwillen; von ihrer Erwählung her gesehen sind sie von Gott geliebt, und das um der Väter willen.

13 Johannesevangelium: »Sie sind Kinder des Teufels«

[Jesus sagt zu den Abrahamskindern, den Juden, Joh 8,42–47:]

Jesus sagte zu ihnen: Wenn Gott euer Vater wäre, würdet ihr mich lieben; denn von Gott bin ich ausgegangen und gekommen. Ich bin nicht in meinem eigenen Namen gekommen, sondern er hat mich gesandt. Warum versteht ihr nicht, was ich sage? Weil ihr nicht imstande seid, mein Wort zu hören. Ihr habt den Teufel zum Vater, und ihr wollt das tun, wonach es euren Vater verlangt. Er war ein Mörder von Anfang an. Und er steht nicht in der Wahrheit; denn es ist keine Wahrheit in ihm. Wenn er lügt, sagt er das, was aus ihm selbst kommt; denn er ist ein Lügner und ist der Vater der Lüge [...]. Wer aus Gott ist, hört die Worte Gottes; ihr hört sie deshalb nicht, weil ihr nicht aus Gott seid.

14 Kirchenväter: »Mörder des Herrn«

[Der frühkatholische Kirchenvater Origenes († 253):]

Wir können also voller Gewissheit die Aussage wagen, dass die Juden ihre ehemalige Stellung nicht wiedergewinnen werden; denn sie haben das abscheulichste Verbrechen begangen, indem sie jene Verschwörung gegen den Retter des ganzen Menschengeschlechts anzettelten [...]. Deshalb war es notwendig, dass die Stadt, in der Jesus so litt, von Grund aus zerstört wurde, dass das jüdische Volk aus seiner Heimat vertrieben wurde und dass andere durch Gott zu dieser glückseligen Erwählung berufen wurden.

[Der Kirchenvater Gregor von Nyssa († 394):]

Sie sind Mörder des Herrn, Totschläger der Propheten, hasserfüllte Rebellen gegen Gott; sie treten das Gesetz mit Füßen, leisten der Gnade Widerstand und verschmähen den Glauben ihrer Väter. Sie sind Statisten des Teufels, eine Rasse von Schlangen, Verräter, in ihrem Gehirn verdunkelte Verleumder, pharisäischer Sauerteig, eine Versammlung von Dämonen, verflucht, verabscheuungswürdig, Feinde von allem, was schön ist [...].

15 Augustinus (354–430): Die jüdischen Feinde der Kirche als Zeugen der christlichen Wahrheit

[...] Die Juden aber, die ihn getötet haben und an ihn, dass er sterben und auferstehen musste, nicht glauben wollten, sind immer unheilvoller von den Römern mitgenommen und schließlich ganz und gar in ihrem Reich, wo sie bereits unter Fremden standen, ausgetilgt und über die Länder verstreut worden. Man trifft sie in der Tat überall an, und sie dienen uns durch ihre Schriften als Beweis, dass die Weissagungen über Christus nicht von uns – nachträglich – verfasst worden sind. Sehr viele unter ihnen haben sich diese Weissagungen zu Herzen genommen und schon vor seinem Leiden, besonders aber nach seiner Auferstehung an ihn geglaubt; von ihnen ist geweissagt worden: Wenn auch die Zahl der Söhne Israels wie Sand am Meer wäre, es werden doch nur Reste von ihnen gerettet werden. Die übrigen sind verblendet geblieben: Ihr Tisch erweise sich als Falle, als Vergeltung und als Anstoß. Umnachten sollen ihre Augen sich, so dass sie nichts mehr sehen, und ihren Rücken beuge du für immer. Während sie unseren Schriften nicht glauben, erfüllen sich an ihnen ihre eigenen, die sie wie Blinde lesen [...].

Bewiesen also hat Gott der Kirche in ihren jüdischen Feinden die Gnade seines Erbarmens, da ja, wie der Apostel sagt, durch ihre Sünde das Heil zu den Heiden gekommen ist. Und deshalb hat er sie nicht getötet, das heißt, er hat in ihnen das, was sie zu Juden machte, nicht vernichtet, obwohl sie von den Römern besiegt und unterdrückt wurden, damit sie nicht, wenn sie das Gesetz Gottes vergäßen, zu dem Zeugnis, von dem wir hier sprechen, untauglich würden. Daher war es nicht genug, wenn der Psalmist sagte: Nicht töte sie, damit sie ja dein Gesetz nicht vergessen; er musste auch hinzufügen: Zerstreue sie. Denn wenn sie mit diesem Zeugnis der Schriften nicht überall, sondern nur in ihrem Lande aufgetreten wären, könnte die Kirche, die überall ist, sie nicht als Zeugen bei allen Völkern für die Weissagungen anführen, die über Christus ergangen sind.

[Der Gottesstaat, Buch 18, Kap. 45f.]

Die nachweislich früheste Erwähnung der Juden in Deutschland stammt aus dem Jahr 321. Kaiser Konstantin, unter dessen Regentschaft das Christentum zur Staatsreligion wurde, hob mit diesem Dekret das Privileg der früheren Befreiung der Kölner Juden von öffentlichen Ämtern auf (siehe 16). *– Als viel beachtetes Dokument eines offenen Zusammenlebens im 6. Jahrhundert gelten die Auskünfte des Gregor von Tours. Juden hatten in dieser Zeit häufig eine anerkannte gesellschaftliche Stellung, auch wenn der Bericht Gregors über die Bekehrung der Juden von Clermont den bleibenden Konflikt der Christen mit ihren jüdischen Nachbarn und Geschäftspartnern unverhüllt zeigt. – Die Briefe des Erzbischofs Agobard (778–840) zwei Jahrhunderte später dokumentieren dann eine sehr viel feindlichere Haltung. – Gerne beachtet wird die Geschichte des Juden Isaak, den Karl der Große an den Hof des legendären Kalifen Harun al Raschid schickte und der nach vier Jahren, am 20. Juli 802, mit einem Elefanten als Geschenk des muslimischen Kalifen nach Aachen zurückkehrte.*

---

16 Kaiser Konstantin befreit die Juden in Köln nicht vom Dienst in der Kurie – 321

Den Decurionen [Stadtverwaltung in Köln]. – Allen Behörden erlauben wir durch allgemeines Gesetz, die Juden zur Kurie [Rathaus, städtische Amtsgeschäfte] zu berufen. Damit ihnen aber eine Entschädigung für den früheren Brauch [ihre Befreiung von jeder Amtstätigkeit] verbleibt, so wollen wir jeweils zweien oder dreien das Vorrecht gewähren, durch keinerlei Berufungen in Anspruch genommen zu werden.

17 Bekehrungen der Juden zu Clermont – 576 – Gregor von Tours: »Mit Gewalt will ich euch nicht zwingen«

Und weil unser Gott nimmer müde wird, seine Priester zu verklären, will ich hier erzählen, was sich zu Clermont in diesem Jahre mit den Juden zutrug. Der heilige Bischof Avitus ermahnte sie sehr häufig, dass sie die Decke des mosaischen Gesetzes fallen lassen und geistlich verstehen möchten, was sie läsen, und erleuchteten Sinnes in den heiligen Schriften Christus, den Sohn des lebendigen Gottes, verheißen durch die Propheten und das Gesetz, erkennen möchten; dennoch blieb vor ihren Herzen nicht sowohl jene Decke, von der das Antlitz des Mose verdunkelt wurde, sondern vielmehr eine feste Mauer. Als aber der Bischof öffentlich das Gebet hielt, dass sie zum Herrn sich bekehrten und die Decke des Buchstabens vor ihnen zerrissen werde, verlangte einer von ihnen, zum heiligen Osterfest getauft zu werden; und durch das Sakrament der Taufe Gottes wiedergeboren, zog mit den übrigen Weißgekleideten auch er in weißem Gewand auf.

Am andern Tag schickte der Bischof Botschaft zu den Juden und ließ ihnen sagen: ›Mit Gewalt will ich euch nicht zwingen, den Sohn Gottes zu bekennen, sondern ich verkündige ihn euch nur und streue das Salz des Wissens in eure Seelen. Denn ich bin zum Hirten gesetzt über die Schafe des Herrn, und von euch sagt jener wahre Hirt, der für uns gelitten hat, er habe andere, die nicht aus seinem Stalle seien, die müsse er herüberführen, dass ein Hirt und eine Herde werde. Wenn ihr deshalb glauben wollt wie ich, so sollt ihr eine Herde sein und ich euer Hirte, wenn aber nicht, so verlasst diesen Ort.‹ Jene aber schwankten lange und waren im Zweifel, am dritten Tage aber – und ich glaube, des Bischofs Verdienst hatte das bei Gott erlangt – schickten sie einhellig Botschaft an ihn und sprachen: ›Wir glauben, dass Jesus der Sohn des lebendigen Gottes ist, uns verheißen durch die Stimme der Propheten, und deshalb bitten wir, dass wir durch die Taufe gereinigt werden, damit wir nicht in dieser Sünde verharren.‹

[Gregor von Tours: Die Taufe der Juden von Clermont (576)]

18 Der Jude Isaak am Hofe Karls des Großen

Man meldete, dass der Jude Isaak, welchen der Kaiser vor 4 Jahren zu dem vorgenannten König der Perser [Kalif Harun al Raschid] mit Lantfried und Sigimund, seinen Gesandten, geschickt hatte, mit großen Geschenken zurückgekehrt wäre. Lantfried und Sigimund waren nämlich beide auf dieser Reise gestorben. Im Oktober dieses Jahres kam der Jude Isaak aus Afrika mit einem Elefanten zurück und landete in Porto Venere, einem Hafen im Golf von Spezia; und weil er des Schnees wegen die Alpen nicht überschreiten konnte, so überwinterte er in Vercelli.

In diesem Jahr, am 20. Juli, kam Isaak mit dem Elefanten und den übrigen Geschenken, die von dem Perserkönig geschickt worden waren, und übergab zu Aachen alles dem Kaiser. Der Elefant hatte den Namen Abulabaz.

[Einhardi Annales]

Ab dem 7. Jahrhundert gelangten in jenen Ländern des Mittelmeeres, wo sich nun die muslimische und die christliche Welt begegneten, Juden, etwa als Ärzte, Wissenschaftler oder zunehmend auch als Kaufleute, zu Ansehen und Einfluss bei Hof. Im »Spanien der drei Religionen« erwuchs eine fruchtbare und – für Europa einmalige – von Toleranz geprägte Kultur des Zusammenlebens. – Eine antijüdische Gegenbewegung der Christen angesichts zu großen Wohlwollens gegenüber Juden im karolingischen Herrschaftsbereich dokumentieren Texte eines Bischofs aus Lyon. In Judenschutzbriefen hatten die Karolinger unter anderem verboten, dass die heidnischen Sklaven, solange sie in jüdischem Besitz sind, getauft werden. Dies aber wollte die Kirche nicht akzeptieren. Als deren Wortführer schrieb Bischof Agobard von Lyon fünf polemisch formulierte Briefe über die Juden, deren einer den Titel »Über die Unverschämtheit der Juden« hatte (siehe 19). *Agobard und seine Kirche empörten sich nicht nur darüber, dass die Juden neue Synagogen erbauten und mit ihrer Schabbatruhe christliche Märkte beschädigten. Sie seien auch Lügner und Feinde der Wahrheit: »Sie sind der Antichrist«. Noch war diese Art von Polemik allerdings religiös gemeint. Erst ab dem 13. Jahrhundert breiteten sich rasch frei erfundene Verleumdungen und Vorwürfe wegen teuflischer Praktiken der Juden aus, wurde von Schändung der Hostien durch Juden gesprochen, von Ritualmorden an christlichen Kindern und Brunnenvergiftungen.*

Anderes hatte Bischof Rüdiger von Speyer im Sinn, der 1084 kurz vor den Kreuzzügen schrieb, er habe den Juden ein Privileg zur Ansiedlung in der Stadt gegeben, womit er sich, durchaus eigennützig, einen wirtschaftlichen Aufschwung und eine finanzielle Unterstützung der christlichen Klosterbrüder versprach (siehe 20).

Als Gerüchte über Schändungen des heiligen Grabes in Jerusalem verbreitet wurden und Papst Urban II. den Aufbruch zum ersten Kreuzzug predigte, kam es für die Juden völlig überraschend in den jüdischen Gemeinden am Rhein zu einer Katastrophe. Davon berichten sehr exakt Elieser ben Natan und Salomo bar Simeon (siehe 21, 22). *In der Folgezeit wiederholten sich Massaker an den Juden auch in England, Spanien, Frankreich und den Niederlanden immer dann, wenn die »Religion der Liebe« zum Kampf gegen die »Verstockten« und »Bekehrungsunwilligen« aufbrach.*

Obwohl sich auch Bischöfe gelegentlich für eine Schonung der Juden einsetzten, vertieften einflussreiche Theologen des Mittelalters wie Petrus Venerabilis (+ 1156) (siehe 23) *und Thomas von Aquin (+ 1274)* (siehe 24) *die augustinische Sicht von der ewigen Knechtschaft der Juden. Duns Scotus (+ 1308) forderte schließlich die Zwangstaufe von Judenkindern.*

Das 4. Laterankonzil legte 1215 fest, dass sich Juden in ihrer Kleidung öffentlich von Christen unterscheiden müssen (siehe 25).

Gegen Plünderungen, falsche Beschuldigungen und unschuldige Quälereien der Juden wandte sich immerhin Papst Innozenz IV. 1247, damit es »den Juden unter den Christen nicht schlechter gehe als ihren Vätern einst unter dem Pharao« (siehe 26). *Als das Gerücht aufkam, die Juden seien nach Menschenblut gierig und würden darum Christenkinder töten, richtete Friedrich II. eine Kommission ein, um die Vorwürfe zu prüfen. Schließlich teilte die Kanzlei des Kaisers mit, dass es in den jüdischen Schriften keinerlei Hinweise auf solche Handlungen gebe und im Gegenteil die Befleckung durch Blut nach der Thora zu vermeiden sei* (siehe 27).

Seit dem 13. Jahrhundert verschlechterte sich überall in Europa die Lage der Juden zunehmend, obwohl es zwischen wohlhabenden jüdischen Familien und christlichen Herren auch in dieser Zeit oft einen engen wirtschaftlichen Kontakt gab. Das Aufkommen des jüdischen Zinsgeschäftes bereits seit dem 12. Jahrhundert, von den talmudischen Gelehrten zunächst eher skeptisch betrachtet, brachte zwar Einfluss, wirkte sich jedoch zunehmend negativ aus. In den Pestkatastrophen wurden Juden zu Schuldigen erklärt; Synagogen wurden angesteckt und Mitglieder jüdischer Gemeinden, wie etwa in Wien oder Straßburg (siehe 28), *auf Scheiterhaufen verbrannt. Die Vertreibungen der Juden während des 15. Jahrhunderts, ob aus deutschen Reichsstädten, österreichischen Gebieten, schließlich Spanien oder Portugal, sind ein – freilich nur vorläufiger – Endpunkt der Unfähigkeit des »christlichen Abendlandes«, mit seiner jüdischen Herkunftsreligion im Geist der Bergpredigt umzugehen. Das Generaledikt über die Ausweisung der Juden aus Spanien zum Schutze »des heiligen katholischen Glaubens« fasste noch einmal folgenreich alle Vorwürfe gegen »die frevelhaften Juden« zusammen* (siehe 29).

---

19 Erzbischof Agobard beschwert sich bei den »hohen Herren« über »die Unverschämtheit der Juden« – 826

Dennoch ist es höchst notwendig, dass Eure fromme Sorge wisse, wie der christliche Glaube von den Juden in einigen Stücken geschädigt wird. Sie rühmen sich nämlich [womit sie einfältige Christen belügen], dass sie Euch teuer seien wegen der Patriarchen, dass sie ehrenvoll vor Euch aus-

und eingehen dürfen, dass die ausgezeichnetsten Leute ihre Gebete und ihren Segen begehren und bekennen, einen solchen Gesetzgeber haben zu wollen, wie sie selber. Sie behaupten, Eure Räte seien auf uns erzürnt ihretwegen, weil wir verböten, dass die Christen ihren Wein tränken. Um dies zu beweisen, rühmen sie sich viele Pfunde Silbers aus Weinverkauf von ihnen gelöst zu haben, und es gehe aus den Kirchengesetzen nicht hervor, dass sich Christen ihrer Speisen und Getränke zu enthalten hätten. Sie weisen Verordnungen an Eurem Namen vor, die mit goldnen Siegeln versehen sind und Worte enthalten, die wir nicht für wahr ansehen. Sie weisen Frauenkleider vor, die ihren Weibern von Euren Verwandten und den Frauen der Hofbeamten geschenkt seien. Sie berufen sich auf den Ruhm ihrer Vorfahren. Gegen das Gesetz wird ihnen erlaubt, neue Synagogen zu erbauen. Ja, es kommt so weit, dass unkundige Christen sagen, die Juden predigten ihnen besser als unsere Priester, ja, was der Gipfel ist, sogar die oben genannten Sendboten haben befohlen, die Märkte, die an Sabbaten abgehalten zu werden pflegten, zu verlegen, damit ihre Sabbatfeier nicht gehindert würde, und haben es in ihr Belieben gestellt, an welchen Tagen künftig die Märkte abgehalten werden sollten. Die Sendboten behaupten dabei, dass diese neue Einrichtung wegen der Arbeitsruhe am Sonntag dem eigenen Vorteil der Christen diene. In Wahrheit ist sie bloß zum Vorteil der Juden. Denn die, die in der Nähe wohnen, können, wenn sie am Sabbat die nötigen Lebensmittel kaufen, desto bequemer Zeit haben, am Sonntag die Messe und die Predigt zu hören; wer aber gelegentlich des Marktes von auswärts kommt, trifft sogar einen Abend- und einen Morgengottesdienst und kann nach Beendigung der Messe mit Erbauung nach Hause zurückgehen.

[Agobard, Über die Unverschämtheit der Juden]

20 Bischof Rüdiger von Speyer: Vergünstigungen für Juden – 1084

[...] Ich, Rüdiger, auch Huozmann genannt, Bischof von Speyer. Als ich den Weiler Speyer in eine Stadt verwandelte, glaubte ich die Ehre unseres Ortes noch zu vergrößern, wenn ich die Juden vereinigte. Ich brachte sie darauf außerhalb der Gemeinschaft und des Zusammenwohnens mit den übrigen Bürgern, und damit sie durch den Übermut des Pöbels nicht beunruhigt würden, umgab ich sie mit einer Mauer. Ihren Wohnplatz habe ich auf gerechte Weise angeschafft, den Hügel nämlich zuerst teils durch Geld, teils durch Tausch, das Tal erhielt ich von [einigen] Erben als Geschenk. Jenen Ort, sage ich, übergab ich ihnen unter der Bedingung, dass sie jährlich drei und ein halbes Pfund Speyerschen Geldes zum gemeinsamen Verbrauch der Klosterbrüder zahlen. Innerhalb ihres Wohnplatzes und außerhalb bis zum Schiffshafen und in dem Schiffshafen selbst gab ich ihnen das Recht, Gold und Silber frei zu wechseln und alles Beliebige zu kaufen und zu verkaufen, und eben dieselbe Freiheit gab ich ihnen durch die ganze Stadt. Außerdem gab ich ihnen vom Besitztum der Kirche einen Begräbnisplatz mit erblichem Rechte. Auch gestattete ich, dass ein fremder Jude, der sich bei ihnen vorübergehend aufhalten wird, keinen Zoll zu zahlen habe; sodann dass, wie der Stadtvogt unter den Bürgern, ihr Erzsynagog [Archisynagogus = Synagogenvorsteher] Klagen, die zwischen oder gegen Juden erhoben werden, zu entscheiden habe. Ist dieser aber den Streit beizulegen nicht imstande, so soll die Sache vor den Bischof oder seinen Kämmerer gebracht werden. Nächtliche Wachen, Verteidigungen, Befestigungen haben sie bloß innerhalb ihres Gebietes zu verrichten, die Verteidigungen aber gemeinsam mit den Sklaven; Ammen und Knechte auf Miete können sie von den Unsrigen haben, geschlachtetes Vieh können sie, wenn es ihnen nach ihrem Gesetze zu essen nicht erlaubt ist, an Christen verkaufen, und den Christen ist es zu kaufen erlaubt. Endlich als Gipfel meines Wohlwollens habe ich ihnen Gesetze verliehen, die besser sind, als sie das jüdische Volk in irgendeiner Stadt des deutschen Reiches besitzt.

Damit diese Vergünstigung und Verleihung keiner meiner Nachfolger verringern oder sie zu größerer Abgabe zwingen möchte, als ob sie diesen Zustand sich widerrechtlich zugeeignet und nicht von einem Bischof empfangen hätten, habe ich diese Urkunde über obige Vergünstigungen ihnen als sicheres Zeugnis hinterlassen.

21 Rache an den Juden im ersten Kreuzzug – 1096. Elieser ben Natan berichtet über selbst durchlebte Leiden in Mainz

Es war im Jahre 4856 nach Erschaffung der Welt [1096], [...] da trafen uns viele und schwere Leiden, die in diesem Reiche, seitdem es gegründet wurde, bis jetzt noch nicht vorgekommen waren [...]. Denn es erhoben sich freche Menschen, fremdländisches Volk, eine grimmige, ungestüme Schar von Franzosen und Deutschen aus allen Ecken und Enden, die sich vorgenommen hatten, nach der Heiligen Stadt [Jerusalem] zu ziehen, um dort das Grab ihres Heilandes aufzusuchen, die Ismaeliten von dort auszutreiben und sich des Landes zu bemächtigen. Sie hefteten als ihr Erkennungszeichen ein Kreuz an ihre Kleider, sowohl Mann wie Frau, alle, die sich bereit fanden, dorthin zu ziehen, so dass sie zahlreicher als die Heuschrecken waren, Männer, Frauen und Kinder und über sie ist das Wort gesagt: ›Keinen König haben die Heuschrecken.‹

Als sie nun auf ihrem Zuge durch die Städte kamen, in denen Juden wohnten, sprachen sie in ihrem Herzen: ›Sehet, wir ziehen dahin, das Heilige Grab aufzusuchen und Rache an den Ismaeliten zu üben; und hier sind die Juden, die ihn umgebracht und gekreuzigt haben ohne Grund. Lasset zuerst an ihnen uns Rache nehmen und sie austilgen, so dass sie kein Volk mehr bilden, dass der Name Israel nicht mehr erwähnt werde oder sie sollen unseresgleichen werden und zu unsrem Glauben sich bekennen.‹ Als die Gemeinden solches hörten, da überfiel sie Angst und Zittern und Wehe, und sie griffen zu der Handlungsweise ihrer Väter, nämlich zum Gebete, zur Wohltätigkeit und zur Buße; sie setzten Fasten ein, einzelne sowohl als drei Tage hintereinander folgend, Nacht und Tag, und schrieen zum Ewigen auf in ihrer Not [...].

22 Salomo bar Simeon: »Sie schrieen zum Ewigen« – 1140

Und es geschah, als die heiligen Männer, die Frommen des Höchsten, die heilige Gemeinde in Mainz, der Schild und Panzer aller Gemeinden, deren Ruf in allen Ländern verbreitet war, hörten, dass ein Teil der Gemeinde in Speyer und die Gemeinde Worms zum zweiten Male geschlagen und dass das Schwert nun an ihnen war, da erschlaffte ihre Hand, und ihr Herz zerfloss zu Wasser. Sie schrieen zum Ewigen aus ganzem Herzen und sprachen: ›Ach Ewiger Gott Israels, willst du denn ein Ende machen dem Überreste Israels? Wo sind alle deine Ehrfurcht gebietenden Wundertaten, von denen unsere Väter uns erzählten? Hast du uns nicht aus Ägypten und Babel heraufgeführt und so oft uns gerettet? Und jetzt, wie hast du uns nun verlassen und verstoßen, um in die Hand des frevelhaften Edom uns zu geben, dass es uns vertilge! O, entferne dich nicht von uns; denn die Not ist nahe und keiner hilft uns!‹ – Und es versammelten sich die Angesehenen Israels aus der Gemeinde, um ihnen einen guten Rat zu erteilen, ob sie gerettet werden könnten; einer sprach zum andern: ›Lasset uns einige von unseren Ältesten auswählen, damit wir von ihnen erfahren, was zu tun sei, denn dies große Unglück hat uns verschlungen‹. Diese kamen nun überein, ein Lösegeld für ihr Leben zu zahlen, ihr Vermögen hinzugeben, um damit die Fürsten, Statthalter, Bischöfe und Grafen zu bestechen. Da machten die Häupter der Gemeinde, die in den Augen des Bischofs [Erzbischof Ruthard, 1088–1109] Angesehenen, sich auf und gingen zu ihm und zu seinen Fürsten und Dienern, um mit ihnen zu reden, und sprachen zu ihnen: ›Was sollen wir tun nach der Kunde, die wir über unsere Brüder in

Worms und Speyer gehört haben, dass sie erschlagen wurden?‹ Sie erwiderten ihnen: ›Höret auf unsern Rat! Bringet all euer Geld in unsere Schatzkammer und die des Bischofs, und ihr, eure Frauen, Söhne, Töchter und alle euch Zugehörigen begebet euch in die Wohnung des Bischofs, bis jene Scharen vorübergezogen sind; dadurch könnt ihr euch vor der Hand der Kreuzfahrer retten.‹ Sie taten aber nur so und gaben diesen Rat, um uns insgesamt in ihre Gewalt zu bringen und uns dann zu ergreifen, wie die Fische im verderblichen Netze gefangen werden, und unser Vermögen wegzunehmen, wie sie zuletzt auch wirklich getan haben; das Ende gibt über die anfängliche Absicht Aufschluss. Auch der Bischof versammelte seine Großen und seine Diener, hohe Fürsten, Freie des Landes, um uns beizustehen; denn anfangs war es sein Ernst, mit all seiner Macht uns zu retten; nur zuletzt wurde er schlecht. Wir gaben ihm und seinen Hohen und Dienern große Bestechung dafür, dass sie uns zu retten versprochen hatten. Doch schließlich nützte alle Bestechung und alle Besänftigung nicht, um uns am Tage der Wut vor dem Unglück zu schützen.

23 »Die Halsstarrigkeit der Juden« – Petrus Venerabilis (1092–1156)

Nimm den Ochsen oder, wenn es dir lieber ist, den Esel, der dümmer ist als alle anderen Tiere, und höre, was zugleich über ihn und über dich gesagt werden kann. Was ist das Verbindende, was das Unterscheidende zwischen deinem Gehör und dem des Esels? Der Esel wird hören, aber nicht verstehen; der Jude wird hören, aber nicht verstehen. Bin ich etwa der Erste, der dies sagt? Wurde dies nicht schon vor vielen Jahrhunderten gesagt? Hat nicht dein erhabener Prophet dies bezeugt? Hören sollt ihr, sagte er, hören, aber nicht verstehen. Sehen sollt ihr, sehen, aber nicht erkennen. Obwohl also durch diese heiligen Gewährsleute vollständig bewiesen ist, dass du ein Tier und Zugvieh bist, und obwohl dies in den vorangehenden vier Kapiteln, wenn sie auch dich nicht bewegen, hinreichend von mir gezeigt wurde, habe ich dennoch dieses fünfte Kapitel angeführt, durch das, wenn es ans Licht gebracht wird, nicht nur den Christen, sondern dem gesamten Erdkreis enthüllt werden soll, dass du tatsächlich ein Tier bist, und dass ich, indem ich dies bekräftige, die Grenze der Wahrheit in keiner Weise überschritten habe. Ich treibe also das missgestaltete Tier aus seiner Ruhestätte heraus und stelle es im Theater der ganzen Welt allen Völkern zum Spott vor Augen. Dir, o Jude, halte ich vor allen Menschen dein Buch vor, jenes Buch, deinen Talmud, deine herausragende Lehre, die du allen Büchern der Propheten und allen wahren Lehrmeinungen vorziehst. Du wunderst dich, woher mir, obwohl ich kein Jude bin, dieser Name bekannt geworden ist, woher er meinen Ohren erklang? Wer mir die jüdischen Geheimnisse verraten hat? Wer euer Innerstes und Verborgenstes enthüllt hat? Ich sage dir, es war jener Christus, den du leugnest, jene Wahrheit hat deine Falschheit enthüllt, deine Schande entblößt, jene Wahrheit, die spricht: Nichts ist verhüllt, was nicht enthüllt, und nichts verborgen, was nicht bekannt werden wird. In deinem Buch wird gezeigt, in jenem Buch wird klar und deutlich gemacht, wie du durch das gerechte Urteil Gottes einem verdorbenen Verstand ausgeliefert bist, da du ja durch keine Anstrengung menschlicher Bemühungen zu bewegen bist, der überdeutlichen Wahrheit zuzustimmen und dich so leicht mit den finstersten Unwahrheiten zufrieden gibst. In dir und deinesgleichen sind die Worte unseres Apostels in Erfüllung gegangen, der sagt: Darum lässt Gott sie der Macht des Irrtums verfallen, so dass sie der Lüge glauben. Denn alle müssen gerichtet werden, die nicht der Wahrheit geglaubt, sondern die Ungerechtigkeit geliebt haben.

24 »Ewiger Knechtschaft sind sie anheim gefallen« – Thomas von Aquin (1225–1274) – Brief an die Herzogin von Brabant

Zuerst fragte also Eure Hoheit, ob es Euch erlaubt sei, zu irgendeiner Zeit und auf irgendeine Weise den Juden eine Steuer aufzuerlegen. Auf diese so absolut gestellte Frage lässt sich folgendes antworten: Die Juden sind, wie die Gesetze sagen, aufgrund ihrer Schuld ewiger Knechtschaft anheim gefallen, und die Herrscher der Länder können daher über ihr Eigentum wie über ihren eigenen Besitz verfügen. Dennoch ist hierin Mäßigung zu üben, damit ihnen [d. h. den Juden] keinesfalls das zum Leben Notwendige entzogen wird. Es ziemt sich auch für uns, auch vor denen, die nicht zu uns gehören, ein rechtschaffenes Leben zu führen, damit der Name Gottes nicht in Verruf kommt, und der Apostel mahnt die Gläubigen durch sein Beispiel, weder den Juden noch den Heiden noch der Kirche Anlass zu einem Vorwurf zu geben. Daher erscheint es richtig, das Prinzip einzuhalten, von ihnen [d. h. den Juden], wie es die Gesetze bestimmen, keine erzwungenen Abgaben und Dienste zu verlangen, die sie in der Vergangenheit nicht zu leisten gewohnt waren, da ja das, was ungewohnt ist, die Gemüter um so mehr in Aufregung zu versetzen pflegt.

Gemäß der Maßregel einer solchen Mäßigung könnt Ihr jedoch nach der Gewohnheit Eurer Vorgänger den Juden eine Abgabe auferlegen, wenn nichts anderes dem entgegensteht. Es scheint mir nämlich, soviel ich aus dem, was Ihr weiter unten fragt, erschließen konnte, dass Euer Zweifel eher darauf beruht, dass die Juden Eures Landes nichts zu besitzen scheinen als das, was sie durch die Verderbtheit des Wuchers erwerben. Daher fragt Ihr folgerichtig, wem das so zu Unrecht Erworbene zurückzugeben sei, wenn es nicht erlaubt sei, von ihnen [d. h. den Juden] irgendeine Abgabe zu verlangen.

Thomas von Aquin (1225–1274) war die alles dominierende Gestalt in der mittelalterlichen Theologie. Dem Judentum gegenüber kannte auch er nur Ablehnung.

Hierauf scheint folgendes zu antworten zu sein: Weil die Juden das, was sie von anderen durch Wucher erpresst haben, rechtmäßigerweise nicht behalten können, folgt daraus auch, dass Ihr, wenn Ihr es von ihnen erhaltet, es ebenfalls rechtmäßigerweise nicht behalten könnt, es sei denn, es handele sich um Güter, die sie bis dahin von Euch oder Euren Vorgängern erpresst hätten. Wenn sie aber etwas besitzen, was sie von anderen zu Unrecht erworben haben, müsst ihr dieses von ihnen erworbene Vermögen denjenigen zurückgeben, denen sie selbst es auch hätten zurückgeben müssen. Wenn sich also bestimmte Personen finden, von denen sie [d. h. die Juden] Zinsen genommen haben, so müssen ihnen diese erstattet werden. Ansonsten müssen sie zu frommen Zwecken gemäß dem Rat des Diözesanbischofs und anderer ehrenwerter Männer oder auch zum allgemeinen Wohl des Landes, wie es die Notwendigkeit verlangt und der Nutzen fordert, ausgegeben werden.

25 Eine eigene Kleidung für die Juden – Laterankonzil 1215 – Beschluss

In einigen Provinzen unterscheidet Juden oder Sarazenen von den Christen die Kleidung, aber in anderen ist eine solche Regellosigkeit eingerissen, dass sie durch keine Unterscheidung kenntlich sind. Es kommt daher manchmal vor, dass irrtümlich Christen mit jüdischen oder sarazenischen und Juden oder Sarazenen mit christlichen Frauen sich vermischen. Damit also den Ausschweifungen einer so abscheulichen Vermischung in Zukunft die Ausflucht des Irrtums abgeschnitten werde, bestimmen wir, dass Juden und Sarazenen beiderlei Geschlechts in jedem christlichen Land und zu jeder Zeit durch ihre Kleidung öffentlich sich von den anderen Leuten unterscheiden sollen, zumal da man schon bei Moses liest, dass ihnen eben dies auferlegt ist. An den letzten drei Tagen vor Ostern aber und am ersten Passionssonntag [Judica] sollen sie sich überhaupt nicht öffentlich zeigen und zwar deswegen, weil einige von ihnen, wie wir gehört haben, sich nicht scheuen, an solchen Tagen erst recht geschmückt einherzugehen und die Christen, welche zum Gedächtnis der allerheiligsten Passion die Zeichen der Trauer anlegen, zu verspotten. Dies aber verbieten wir aufs strengste, damit sie sich nicht herausnehmen, zur Schmach des Erlösers ihre Freude zu zeigen.

26 »Keine unschuldige Qual den Juden« – Bulle des Papstes Innozenz IV. – 1247

[...] Wir haben die Tränen erregende Klage der Juden Alemanniens vernommen, dass einige, sowohl geistliche wie weltliche Fürsten und andere Edle und Mächtige eurer Städte und Sprengel, um die Güter jener ungerechterweise zu plündern und sich anzueignen, böse Ratschläge sinnen und häufige und verschiedene Gelegenheiten herbeiführen – wahrlich ohne kluges Überlegen, da ja aus ihren Urkunden gleichsam die Zeugnisse des christlichen Glaubens hervorgegangen sind. Da die göttliche Schrift unter andern Befehlen des Gesetzes sagt: »Du sollst nicht töten«, und jenen besonders verbietet, am Osterfeste etwas Gestorbenes zu berühren, so beschuldigt man sie fälschlich, dass sie an demselben Feste sich das Herz eines getöteten Knaben gegenseitig mitteilen, in dem Glauben, dass das Gesetz ihnen dieses vorschreibe, während dies offenbar ihrem Gesetze zuwider ist; – übel ist es, dass man ihnen die Leichname gestorbener Menschen, die man irgendwo gefunden hat, aufbürdet. Und über solche und viele andere Erfindungen gegen sie in Wut entbrannt, begeht man gegen sie, ohne Anklage, ohne Geständnis, ohne Überführung, wider die ihnen vom päpstlichen Stuhle verliehenen Privilegien, wider Gott und die Gerechtigkeit, Raub aller ihrer Güter, quält sie mit Hunger, Gefängnis und so vielen Bedrängnissen und Bedrückungen, indem man sie mit den verschiedensten Strafen belegt und so viele von ihnen zum schmählichen Tode verdammt, so dass diese Juden unter der Herrschaft jener Fürsten, Edlen und Mächtigen schlechter daran sind, als ihre Väter unter Pharao in Ägypten gewesen sind. – Ja, man zwingt sie jämmerlicherweise aus den Orten, die sie und ihre Voreltern seit undenklichen Zeiten bewohnt haben, zu weichen. Ihre Vertreibung befürchtend, haben sie sich an die Fürsorge des

Apostolischen Stuhles gewandt. Indem wir daher nicht wollen, dass die vorgenannten Juden unschuldig gequält werden, denn der mitleidige Herr erwartet doch ihre Bekehrung, da nach dem Propheten ihre Überreste auch gerettet werden sollen, – so befehlen wir eurer Brüderlichkeit durch apostolisches Schreiben, dass ihr euch ihnen günstig und wohlwollend zeigen, und dass, wenn ihr die erwähnten Prälaten, Edle und Mächtige in einem ähnlichen Versuche gegen diese Juden findet, ihr den rechtlichen Zustand zurückrufen und nicht ferner gestatten sollet, dass sie wegen dieser, ähnlicher oder irgendwelcher Dinge unverschuldet bedrückt und gequält werden.

27 »Juden sind nicht nach Menschenblut begierig« – Friedrich II. – 1236 – Eine Untersuchung, nachdem 32 Juden einer Blutbeschuldigung zum Opfer fielen

[...] Außerdem machen wir für jetzt und alle Zukunft bekannt, dass wegen des angeblichen Mordes einiger Knaben zu Fulda den Juden, die damals dort lebten, ein schwerer Verdacht aufgelegt wurde. Dadurch drohte auch den übrigen Juden Deutschlands wegen eines gleichzeitig eingetreten öffentlichen Unglücks insgesamt ein schwerer Argwohn, obwohl jene heimlichen Übeltaten nicht nachgewiesen waren. Zur Aufhellung der Wahrheit über den erwähnten Vorwurf haben wir möglichst viele Fürsten und Herren des Reiches, Äbte und fromme Männer von überall versammelt und um Rat gefragt. Diese waren aber über die Sache verschiedener Meinung, und wir konnten daher keinen ausreichenden Rat, wie wir ihn brauchten, erlangen.

Gewissenhafterweise haben wir daher geglaubt, wegen dieses gegen die Juden erhobenen geheimnisvollen Vorwurfs nicht zweckmäßiger verfahren zu können als mit Hilfe der zum Christentum bekehrten Juden, von denen anzunehmen war, dass sie, als Gegner, belastende Tatsachen gegen die Juden oder die mosaischen Bücher oder das ganze Alte Testament nicht verschweigen würden. Zwar hatten wir von einer Reihe gewichtiger Schriften hierüber persönlich Kenntnis genommen, und unser Gewissen hielt die Unschuld besagter Juden für wahrscheinlich. Wir wollten aber sowohl dem einfachen Volke als auch dem Recht genugtun und haben daher nach eigenem heilsamem Entschluss der Fürsten, Herrn, Äbte und frommen Männer zu allen Königen des Abendlandes besondere Gesandte geschickt und aus ihren Königreichen möglichst viele im jüdischen Gesetz bewanderte Konvertiten zu uns beschieden. Diesen haben wir an unserem Hofe zur Erforschung der Wahrheit in besagter Sache ausgiebig Zeit gegeben und ihnen auferlegt, die Sache gründlich zu untersuchen und unser Gewissen zu belehren, ob sie etwas über das angebliche jüdische Bedürfnis nach Menschenblut wüssten, welches besagte Juden zur Begehung des vorgenannten Verbrechens hätte antreiben können. Ihre Aussagen darüber haben wir veröffentlicht, und es ergibt sich daraus folgendes: Weder im Alten noch im Neuen Testament ist zu finden, dass die Juden nach Menschenblut begierig wären. Im Gegenteil, sie hüten sich vor der Befleckung durch jegliches Blut. Dies ergibt sich aus dem Buche, das hebräisch »Berechet« [Bereschit, für Genesis] genannt wird, und in Übereinstimmung mit den Vorschriften des Moses aus den jüdischen Gesetzen, die hebräisch »Talmillot« [Talmud] heißen.

Darstellung eines Propheten auf einem Altarbild des 16. Jahrhunderts. Gut zu erkennen der Judenhut, den jüdische Bürger tragen mussten, um in der Öffentlichkeit als Juden erkennbar zu sein.

28 Schwarzer Tod und Brunnenvergiftung – Straßburg 1349

Da man zählte 1349 Jahr, da wurden die Juden zu Straßburg verbrannt in ihrem Kirchhof auf einem hölzernen Gerüste an Sankt Velten Tage, der fiel dieses Jahr auf einen Samstag. Sie wurden auch desselben Jahres verbrannt in allen Städten an dem Rheine, gleichviel ob es freie Städte oder Reichsstädte oder anderer Herrn Städte waren. Das geschah darum: man zieh sie, sie hätten Brunnen und andere Wasser verunreinigt mit Gift. In etlichen Städten verbrannte man sie nach [ordentlichem] Urteil, in etlichen steckten sie selbst mit Feuer die Häuser an, da sie innen waren, und verbrannten sich selbsten. Da kam man zu Straßburg überein, dass in hundert Jahren kein Jude da wohnen sollte.

[Straßburger deutsche Chronik (1362)]

29 Generaledikt über die Ausweisung der Juden aus Spanien – Granada, 31. März 1492

Don Ferdinand und Dona Isabel, durch die Gnade Gottes König und Königin von Kastilien, Leon, Aragonien usw.: An den Fürsten D. Juan, unseren sehr teuren und sehr geliebten Sohn, und an die Infanten, Prälaten, Herzöge, Marquise usw., an die Judenviertel und an alle Juden und Einzelpersonen, an die männlichen wie an die weiblichen jeden Alters und an alle anderen Personen jeglichen Standes, Gesetzes oder jeglicher Würde, allen, die dieser Erlass auf irgendeine Weise betrifft, Gruß und Gnade: Wisset, und ihr sollt es wissen, dass es nach den von uns eingezogenen Erkundigungen in unseren Königreichen einige schlechte Christen gibt, die mit unserem heiligen katholischen Glauben judaisierten. Schuld daran trug der vertrauliche Verkehr der Juden mit den Christen. Auf der Ständeversammlung, die wir in der Stadt Toledo im verflossenen Jahr 1480 abhielten, verordneten wir, dass die Juden in allen Städten, Dörfern und Ortschaften unserer Königreiche abgesondert wohnen sollten, und gaben ihnen Judenviertel und getrennte Orte, in denen sie ihrer Sünde leben und in ihrer Absonderung Reue fühlen sollen. Und wir haben daher den Befehl zur Inquisition in unseren Reichen gegeben, die, wie ihr wisst, seit mehr als 12 Jahren tätig ist. Durch sie sind viele Schuldige, wie bekannt ist, ausfindig gemacht worden. Wie wir durch die Inquisitoren und viele andere Fromme, geistliche und weltlich, in Erfahrung gebracht haben, scheint der Schaden, der aus dem Verkehr und dem Umgang mit den Juden für die Christen entstanden ist, sehr groß zu sein. Sie sind stolz darauf und legen es darauf an, durch viele Mittel und Wege unseren heiligen katholischen Glauben bei den Gläubigen zu zerstören, sie von ihm zu trennen und sie zu ihrem verfluchten Glauben und Denken hinüberzuziehen. Sie unterweisen die Christen in der Kunde und den Zeremonien ihres Gesetzes; sie halten Versammlungen ab, in denen sie ihnen das vorlesen und zeigen, was sie nach ihrem Gesetz zu halten und zu beobachten haben; sie beabsichtigen, sie und ihre Kinder zu beschneiden; sie geben ihnen Bücher, aus denen sie ihre Gebete verrichten; sie erklären ihnen die Fasttage und vereinigen sich mit ihnen, um die Geschichte ihres Gesetzes zu lesen und zu schreiben; sie setzen sie von ihrer Passahzeit vorher in Kenntnis und unterweisen sie in dem, was in ihr zu beobachten ist; sie geben ihnen von ihrem ungesäuerten Brot und ihrem Opferfleisch nebst den zugehörigen Zeremonien; sie unterrichten sie über die Dinge, deren sie sich zu enthalten haben, ebenso in den Speisen wie in anderen Dingen, die in ihrem Gesetz verboten sind; sie überreden sie, dass sie möglichst das Gesetz Moses halten und beobachten; sie suchen sie zu überzeugen, dass es kein anderes Gesetz, noch eine andere Wahrheit gebe als jene. Das alles kostet viele Verhöre und Bekehrungen, ebenso bei den Juden, wie bei denen, die von ihnen betrogen oder verdorben worden sind. Dies alles ist zum großen Schaden und Nachteil für unseren heiligen katholischen Glauben gewesen.

Und da wir von vielen Seiten von diesen Zuständen schon früher in Kenntnis gesetzt worden sind und wissen, dass die wirkliche Abhilfe aller dieser Schäden und Nachteile darin besteht, den Verkehr genannter Juden mit den Christen überhaupt zu unterbinden und sie aus unseren Königreichen und Lehnsgütern zu vertreiben, haben wir uns darauf beschränkt, sie aus allen Städten, Dörfern und Ortschaften Andalusiens zu verbannen, wo, wie es scheint, sie den größten Schaden gestiftet haben. Wir waren der Überzeugung, dass dies genüge, damit die Juden der anderen Städte, Dörfer und Ortschaften aufhörten, die oben erwähnten Frevel zu begehen. Wir haben nun in Erfahrung gebracht, dass weder dies, noch die Prozesse, die gegen einige der besagten Juden geführt worden sind, als wirksame Mittel genügten. Um diese große Schmach und Beleidigung der katholischen Religion zu beseitigen und dem abzuhelfen – denn jeden Tag ereignet es sich, dass die genannten Juden ihre Schlechtigkeit und ihre schimpflichen Absichten da fortsetzen, wo sie leben und verkehren –, und damit es ihnen nicht mehr gelingt, unseren heiligen katholischen Glauben zu beleidigen, wie auch diejenigen, die Gott bisher zu behüten gewillt war, und diejenigen, die abfielen, sich besserten und in den Schoß der katholischen Kirche zurückkehrten, was in Anbetracht unserer menschlichen Schwäche und der Verschlagenheit und teuflischen Eingebung, die uns beständig antreibt, noch zunehmen könnte, muss das Übel mit der Wurzel beseitigt werden, d. h. die Juden müssen aus unseren Reichen vertrieben werden.

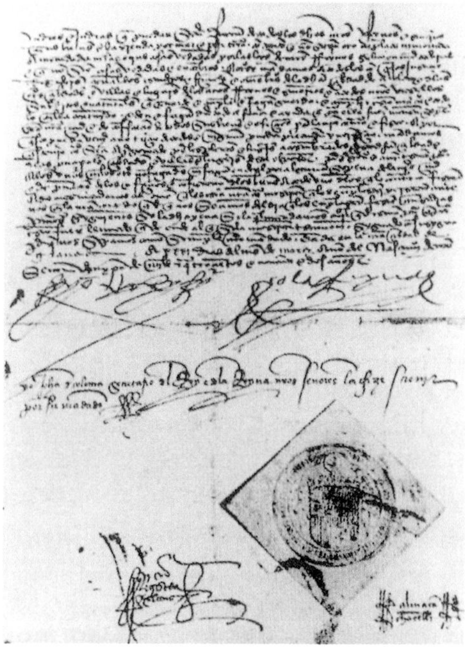

Das Edikt zur Vertreibung der Juden aus Spanien mit den Unterschriften der katholischen Könige von Kastilien und Aragon. Im März 1492 unterzeichnet, wurde das Edikt einen Monat später verkündet: Die Juden Spaniens hatten innerhalb von drei Monaten das Land zu verlassen.

Das Interesse am schwer zugänglichen Inhalt des Talmud wuchs in der christlichen Welt in dem Maße, indem man Argumente für neue Beschuldigungen gegen die Juden suchte. Nachdem Friedrich II. – wie erwähnt – durch eine Kommission feststellen ließ, dass im Talmud keinerlei Anlass zum Vorwurf des Ritualmordes zu finden sei (siehe 27), *kam es 1240 zu einer großen Auseinandersetzung in Frankreich, in deren Verlauf Ausgaben des Talmud eingezogen und verbrannt wurden. Den Juden selbst gelang es in diesem Klima nicht, die Texte ihrer Väter bekannt und verständlich zu machen. Die Verurteilung des Werkes durch christliche Theologen und die von Anfang an im Disput mit jüdischen Gelehrten feststehende Meinung, dass Christus der Sieger bleiben muss, findet dann auch ihren Niederschlag bei den deutschen Minnesängern: »Weh den feigen, tauben bösen Juden …« war von Konrad von Würzburg zu hören. Oder »… Wollte man verbieten ihren ketzerischen Talmud, ein falsches und unedles Buch …« (zitiert bei Leon Poliakov, S. 62).*

Der erste christliche Vertreter eines tieferen Verständnisses der jüdischen Schriften und Verfasser einer hebräischen Sprachlehre war der Pforzheimer Humanist Johannes Reuchlin († 1522). In einem Gutachten von 1510 vertrat er die damals provozierende These »Die Juden sind keine Ketzer« und setzte sich mutig und bis heute unüberholt für ein umfassendes, am Selbstverständnis der Juden orientiertes Urteil über den jüdischen Glauben ein (siehe 30).

Erschreckend anders argumentierte in seinen Schriften der bedeutende Zeitgenosse Reuchlins, der Reformator Martin Luther (1483–1546). Am Anfang seiner reformatorischen Tätigkeit zeigte er zwar eine gewisse Judenfreundlichkeit nach dem Motto »die Juden sind Brüder unseres Herren«. Luther hoffte zunächst auf die baldige Bekehrung der Juden (siehe 31, 32). *Später allerdings formulierte er einen Judenhass, der weit über das hinausging, was im 16. Jahrhundert selbst unter Berücksichtigung einer zeittypischen groben Diktion sonst häufig vertreten wurde. Luther wirkte mit seinem Hass nicht zuletzt über die lutherische Pfarrerschaft bis tief ins 20. Jahrhundert hinein.*

30 Johannes Reuchlin: Ob man den Juden alle Bücher verbrennen soll – 1510

[Der Talmud ist ein schwer verständliches Werk:]

Ich [Reuchlin] kenne ihn nur aus christlichen Gegenschriften. Ich möchte ihn gerne zweifach bezahlen, um ihn zu besitzen, habe das aber noch nie zuwege bringen können. Meiner Erinnerung nach habe ich noch kein Buch gelesen, in dem gewünscht wird, dass der Talmud verbrannt werde, außer von den zwei vorgenannten Brüdern, Petrus Negri aus dem Predigerorden und dem neu getauften Johann Pfefferkorn, zu meiner Zeit. Es ist aber auch zu meinen Lebzeiten sonst kein Jude in deutschen Landen getauft worden, der den Talmud hat verstehen oder wenigstens lesen können.

Christus selbst hat den Talmud [bzw. die damals schon vorhandenen rabbinischen Schriften] zu bewahren geboten. Nichts anderes wollen seine Worte bedeuten: ›Wer glaubt, in der Schrift das ewige Leben zu haben, der erfrage, suche und erforsche die Schrift; sie wird von mir Zeugnis geben.‹ Und das ist Wahrheit. Je mehr der Talmud gegen uns [die Christen] gerichtet ist, desto besser sind die Zeugnisse, die für uns und unseren christlichen Glauben in jenem gefunden werden. Darum hat Christus befohlen, dass man diese Schriften fleißig lesen und erörtern solle, nicht aber, dass man sie verbrenne.

Johannes Reuchlin (1455–1522), Humanist und Reformator, verteidigte, ganz anders als Martin Luther, das Judentum gegen ungerechtfertigte Angriffe.

Die Predigt- und Gesangbücher der Juden sind unantastbar, gemäß den Bestimmungen der Kaiser und Päpste, dass man die Juden in ihren Synagogen, gottesdienstlichen Gebräuchen, Gewohnheiten, Sitten und Andachten ruhig gewähren lassen solle. Keines dieser Bücher hat, wie man vorgibt, eine feindliche Absicht wider die Christen. Denn die Juden haben ihre Schriften sich selbst zur Erbauung und zum Schirm ihres Glaubens geschaffen falls jemand, er sei Heide, Christ oder

Mohammedaner, sie angreifen sollte, jedoch niemand zu Leid, Schaden oder Schande. Daher wird man in diesen Büchern keine Schmähungen gegen Christus, Maria und die Heiligen antreffen. Dass sie Christus nicht als Gott anerkennen, ist selbstverständlich. Das ist ihr Glaube, und damit wollen sie niemand schmähen.

Es ist verboten, Judenkinder gewaltsam zu taufen; daraus kann man schließen, dass man ihnen ihre Bücher auch nicht wider ihren Willen nehmen darf. Denn Bücher sind manchen lieber als Kinder.

Der Jude ist ein Geschöpf Gottes wie wir auch; steht [lebt] er, so steht er seinem Herrn, fällt [stirbt] er, so fällt er seinem Herrn. Ein jeder muss für seine Person Rechnung ablegen. Wie wollen wir über eines anderen Seele urteilen? Gott allein ist dessen mächtig! In Glaubensangelegenheiten sind die Juden allein sich und sonst keinem Richter unterworfen. Denn sie sind kein Glied der christlichen Kirche, und ihr Glaube geht uns nichts an. Die Juden sind keine Ketzer; denn sie sind nie im christlichen Glauben gewesen, also auch nicht von ihm abgefallen. Sie mögen sich mit Recht darüber beschweren, dass die christliche Kirche sie alljährlich am Karfreitag treulose Juden nennt, d. h. solche, die weder Treu noch Glauben halten. Auch das weltliche Recht verbietet ein Einschreiten, da Christen wie Juden unmittelbare Glieder des Reichs und Untertanen des Kaisertums sind.

[Gutachten J. Reuchlins für Kaiser Maximilian I. (1510)]

31 Martin Luther: »Dass Jesus Christus ein geborener Jude sei« – 1523

Unsere Narren, die Päpste, Bischöfe, Sophisten und Mönche haben bisher also mit den Juden verfahren, dass, wer ein guter Christ gewesen, hätte wohl mögen ein Jude werden. Und wenn ich ein Jude gewesen wäre und hätte solche Tölpel und Knebel den Christenglauben regieren und lehren gesehen, so wäre ich eher eine Sau geworden als ein Christ. Denn sie haben mit den Juden gehandelt, als wären es Hunde und nicht Menschen, haben nichts mehr tun könne, als sie schelten und ihr Gut nehmen, wenn man sie getauft hat; keine christliche Lehre noch [christliches] Leben hat man ihnen bewiesen ...

Ich hoffe, wenn man die Juden freundlich behandelt und in der Heiligen Schrift fein unterweiset, es sollten ihrer viel recht Christen werden und wieder zum Glauben ihrer Väter, der Propheten und Patriarchen, treten. Wenn die Apostel, die auch Juden waren, so mit uns Heiden gehandelt hätten, wie wir Heiden mit den Juden, es wären nie Christen unter den Heiden geworden. Haben sie denn an uns Heiden so brüderlich gehandelt, so sollen wir wiederum brüderlich an den Juden handeln, wenn wir etliche bekehren können: denn wir sind auch selber noch nicht alle hinan, geschweige denn hinüber.

Und wenngleich wir uns sehr rühmen, so sind wir dennoch Heiden und die Juden von dem Geblüt Christi. Wir sind Schwäger und Fremdlinge, sie sind Blutsfreunde, Vettern und Brüder unseres Herrn. Darum, wenn man sich des Bluts und Fleisches rühmen soll, so gehören die Juden Christo näher an denn wir. Auch hat es Gott wohl durch die Tat bewiesen; denn solch große Ehre hat er nie einem Volke unter den Heiden getan als den Juden. Und obgleich das Evangelium aller Welt kundgetan wurde, so hat er doch keinem Volk die Heilige Schrift, das ist das Gesetz und die Propheten, befohlen als den Juden, wie St. Paulus sagt [Römer 3,2 und Psalm 147,19]: ›Er verkündet sein Wort Jakob und seine Rechte und Gesetze Israel.‹

Ich bitte hiermit meine lieben Papisten, wenn sie auch schier müde geworden, mich einen Ketzer zu schelten, dass sie nun anfangen, mich einen Juden zu schelten.

32 »Dass man ihre Synagoge und Schule mit Feuer anstecke« – Luther 1543

Ich hatte mir wohl vorgenommen, nichts mehr, weder von den Juden noch wider die Juden zu schreiben. Aber weil ich erfahren, dass die elenden, heillosen [unrettbaren] Leute nicht aufhören, auch uns, das ist die Christen, an sich zu locken, hab ich dies Büchlein lassen ausgehen, damit ich unter denen erfunden werde, die solch giftigem Fürnehmen [Vorhaben] der Juden Widerstandt getan [...]

Erstlich, dass man ihre Synagoga oder Schule mit Feuer anstecke und, was nicht verbrennen will, mit Erden überhäufe und beschütte, dass kein Mensch ein Stein oder Schlacke davon sehe ewiglich [...]

Zum anderen, dass man auch ihre Häuser desgleichen zerbreche und zerstöre. Denn sie treiben eben dasselbige [Abgötterei] drinnen, das sie in ihren Schulen [Synagogen] treiben. Dafür mag man sie etwa unter ein Dach oder Stall tun, wie die Zigeuner, auf das sie wissen, sie seien nicht die Herrn in unserem Lande, wie sie rühmen, sondern im Elend und gefangen, wie sie ohne Unterlass für Gott über uns Zeter schreien und klagen.

Zum Dritten, dass man ihnen nehme alle ihre Betbüchlein und Talmudisten, darin solche Abgötterei, Lügen, Fluch und Lästerung gelehrt wird.

Zum Vierten, dass man ihren Rabbinern bei Leib und Leben verbiete, hinfort zu lehren. Denn solch ein Amt haben sie mit allem Recht verloren [...]

Zum Fünften, dass man den Juden das Geleit [Schutz] und Straße [hier: Durchreiseerlaubnis] ganz und gar aufhebe. Denn sie haben nichts auf dem

Titelblatt von Martin Luthers Schrift »Von den Juden und ihren Lügen«. Stand der Reformator dem Judentum anfangs moderat gegenüber, so bietet dieses 1543 erschienene Buch wüste Beschimpfungen und Drohungen.

Lande zu schaffen, weil sie nicht Herren noch Amtleute noch Händler oder desgleichen sind. Sie sollen daheim bleiben.

Zum Sechsten, dass man ihnen den Wucher verbiete und nehme ihnen alle Barschaft und Kleinod an Silber und Gold und lege es beiseite zu verwahren. Und ist dies die Ursache: Alles, was sie haben [...], haben sie uns gestohlen und geraubt durch ihren Wucher, weil sie sonst keine andere Nahrung haben.

Zum Siebten, dass man den jungen starken Juden und Jüdinnen in die Hand gebe Flegel, Axt, Karst, Spaten, Röcke, Spindel und lasse sie ihr Brot verdienen im Schweiß der Nasen, wie Adams Kindern aufgelegt ist.

[Falls die Juden den Christen weiter schaden:] So lasst uns beliben bei gemeiner Klugheit der anderen Nation, als Frankreich, Hispanien, Böhmen etc. und mit ihnen abrechnen, was sie uns abgewuchert und hernach gütlich teilen, sie aber immer zum Land ausgetrieben. Denn, wie gehört Gottes Zorn ist groß über sie, dass sie durch sanfte Barmherzigkeit nur Ärger und Ärger, durch Schärfe aber wenig besser werden. Darum immer weg mit ihnen [...].

Und lassen ihnen sagen, dass sie hinziehen in ihr Land und [ihre] Güter, gegen Jerusalem, und daselbst lügen, fluchen, lästern, speien, morden, stehlen, rauben, wuchern, spotten und alle solche lästerlichen Gräuel treiben, wie sie bei uns tun [...].

[Der Christ] [...] der Juden Bosheit, Lügen, Flüchen muss feind werden und [be]greifen, dass ihr Glaube nicht allein falsch, sondern sie gewisslich mit allen Teufeln besessen sind. Christus, unser lieber Herr, bekehre sie barmherziglich und erhalte uns in seiner Erkenntnis, welche das ewige Leben ist, fest und unbeweglich. Amen

[Martin Luther: Von den Juden und ihren Lügen.]

Die Welt der Chassiden

Der Chassidismus ist eine bis heute in der jüdischen Frömmigkeit nachwirkende Verinnerlichungs- und Erneuerungsbewegung. Er entfaltete sich zunächst innerhalb jener Gemeinden, die sich nach den Vertreibungen seit dem 15. Jahrhundert in Osteuropa gebildet hatten. Die Lehren der Chassiden erreichten besonders die verarmten Massen des osteuropäischen Judentums. Von Baal Schem Tov (1700–1760), dem Gründer der Bewegung, gibt es kaum etwas Schriftliches, aber zahlreiche, zum Teil wundersame Geschichten über seinen Lebenswandel, seine Gebete und seine Aussagen, die von seinen Schülern gesammelt wurden (siehe 33, 34, und S. 106 ff.).

---

33 »So spricht Gott auch«

[Der Baal Schem erzählte:]

Ein König baute einst einen großen herrlichen Palast mit zahllosen Gemächern; aber nur ein Tor war geöffnet. Und als der Bau vollendet war, wurde verkündet, es sollten alle Fürsten vor dem Könige, der in dem letzten der Gemächer thronte, erscheinen. Aber als sie eintraten, da waren Türen offen nach allen Seiten; von denen führten gewundene Gänge in die Fernen, und da waren wieder Türen und wieder Gänge, und kein Ende stand vor dem verwirrten Auge. Da kam der Sohn des Königs und sah, dass alle die Irre eine Spiegelung war, und er sah seinen Vater in der Halle vor seinem Angesicht sitzen.

Der Enkel Rabbi Baruchs, des Enkels des Baalschem, spielte einst mit einem anderen Knaben ›Verstecken‹. Er verbarg sich und wartete in seinem Versteck lange Zeit und meinte, sein Gefährte suche ihn und könne ihn nicht finde. Aber als er lange gewartet hatte, kam er heraus und sah den andern nicht mehr und merkte, dass er ihn von Anfang an nicht gesucht hatte. Alsdann lief er in die Stube seines Großvaters mit Weinen und Klagen über den Bösen. Da flossen die Augen Rabbi Baruchs über und er sagte: ›So spricht Gott auch‹.

[Der Minjanmann:]

Zur Mittagszeit gebot der Besch, den Minjan zusammenzurufen, damit er seinem Brauch gemäß sich am Freitag gleich nach Mittag zum Gebet begeben könne. Man sagte ihm: ›Es sind nicht mehr als neun Männer da!‹ ›Ich bin gewiss‹, entgegnete der Besch, ›wir werden bald ein Minjan sein!‹

Alle lachten, war es doch klar zu sehen, dass sie nur neune waren. Unterdessen war dem Pächter eingefallen, dass in dem kleinen Dorf jenseits des Flusses seit zehn Jahren ein Kranker darniederlag, mit lahmen Händen und mit lahmen Beinen und auch ohne Sprache. Er lag auf seinem Lager und musste gefüttert werden wie ein Stück Vieh. ›Meint ihr etwa diesen, dass es mit ihm einen Minjan geben wird?‹ ›Ja, den meine ich‹, rief der Besch, ›ruft ihn herbei!‹ Er reichte ihnen seinen Stecken mit den Worten: ›Gebt ihm meinen Stecken in die Hand und sagt, er soll zum Minjan kommen!‹ Sie eilten und taten, wie er sie geheißen hatte, der Kranke aber stand nicht auf und rührte sich nicht vom Fleck. So kehrten sie unverrichteter Dinge wieder um. Der Besch nahm nun seinen Hut, schickte sie ein weiteres Mal zu dem Lahmen und gebot, man solle ihm den Hut aufsetzen und den Stecken in die Hände geben, dann solle er zum Minjan kommen. Sie taten wie er geboten hatte, und der Mann stand auf und kam mit ihnen zum Minjan, wie ein Gesunder, der nie eine Krankheit kannte. Er vermochte sogar zu reden, damit er dem Besch die heiligen Worte nachsprechen konnte, und so gesundete er für immer.

34 Die Gemeinde der Frommen

[Der Sassower erzählte seinem Jünger, dem Zydaczower:]

Die Erkenntnis wahrer Nächstenliebe verdanke ich einem Gespräche zweier Dorfleute, denen ich zuhörte.

Erster: ›Sage mir, Freund Iwan, liebst du mich?‹

Zweiter: ›Ich liebe dich sehr.‹

Erster: ›Weißt du, Freund, auch, was mir weh tut?‹

Zweiter: ›Wie kann ich denn wissen, was dir weh tut?‹

Erster: ›Wenn du nicht weißt, was mir weh tut, wie darfst du auch nur sagen, dass du mich lieb hast?‹

›Verstehst du, Hersch‹, führte der Sassower aus, ›lieben, wirklich lieben, heißt wissen, was dem andern weh tut‹.

Unterwegs zur Emanzipation

Moses Mendelssohn (1729–1786) ist der herausragende Vertreter der im 18. Jahrhundert beginnenden Integration des Judentums in die gebildeten bürgerlichen Schichten Berlins. Ohne seine Herkunft zu leugnen, setzte sich Mendelssohn im Geiste der Aufklärung und ihres religionskritischen Ansatzes mit

»der so allgemein verachteten Religion« seiner Väter auseinander. Die öffentliche Aufforderung von Freunden, er möge zum Christentum übertreten, wies er befremdet zurück und erklärte, dass er »dem Wesentlichen seiner Religion« fest verbunden bleibe (siehe 35 und S. 113 ff.).

G. E. Lesssing gibt in »Nathan der Weise«, den er nach dem Vorbild seines Freundes Mendelssohn darstellte, dem neuen Wunsch einer aufgeklärten Gesellschaft nach Gewissensfreiheit, religiöser Toleranz und Humanität eine bis heute gültige Gestalt.

---

35 »Vom Wesentlichen meiner Religion bin ich überzeugt« – Moses Mendelssohn – **1769**

[Schreiben an den Herrn Diakonus Lavater in Zürich:]

Verehrungswerter Menschenfreund!

Sie haben für gut befunden, des Herrn Bonnets ›Untersuchung der Beweise für das Christentum‹, die Sie aus dem Französischen übersetzt, mir zuzueignen und mich in der Zuschrift vor den Augen des Publikums auf die allerfeierlichste Weise zu beschwören, ›diese Schrift zu widerlegen, wofern ich die wesentlichen Argumentationen, womit die Tatsachen des Christentums unterstützt sind, nicht richtig finde; dafern ich aber dieselbe richtig finde, zu tun, was Klugheit, Wahrheitsliebe und Redlichkeit mich tun heißen, – was ein Sokrates getan hätte, wenn er diese Schrift gelesen und unwiderleglich gefunden hätte‹, d. i. die Religion meiner Väter zu verlassen und mich zu derjenigen zu bekennen, die Herr Bonnet verteidigt. Denn sicherlich, wenn ich auch sonst kriechend genug dächte, die Klugheit der Wahrheitsliebe und Redlichkeit das Gegengewicht halten zu lassen, so würde ich sie doch hier in diesem Falle alle drei in derselben Schale antreffen [...].

Aber leugnen kann ich es nicht: dieser Schritt von Ihrer Seite hat mich außerordentlich befremdet, ich hätte alles eher erwartet als von einem Lavater eine öffentliche Aufforderung [...].

[...] Allein die Bedenklichkeit, mich in Religionsstreitigkeiten einzulassen, ist von meiner Seite nie Furcht oder Blödigkeit gewesen. Ich darf sagen, dass ich meine Religion nicht erst seit gestern zu untersuchen anfange. Die Pflicht, meine Meinungen und Handlungen zu prüfen, habe ich gar frühzeitig erkannt, und wenn ich von früher Jugend an meine Ruh- und Erholungsstunden der Weltweisheit und den schönen Wissenschaften gewidmet habe, so ist es einzig und allein in der Absicht geschehen, mich zu dieser so nötigen Prüfung vorzubereiten. Andere Beweggründe kann

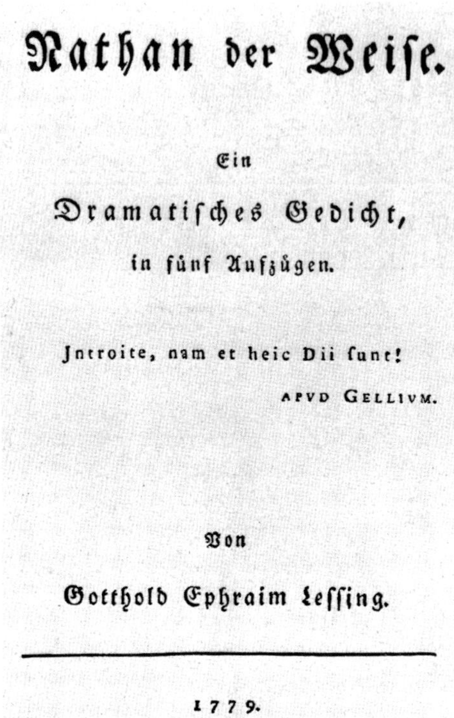
Nathan der Weise.

Ein
Dramatisches Gedicht,
in fünf Aufzügen.

Introite, nam et heic Dii sunt!
APVD GELLIVM.

Von
Gotthold Ephraim Lessing.

1779.

Titelblatt von Gotthold Ephraim Lessings »Nathan der Weise«. Der Dichter, Kritiker und Philosoph setzte mit diesem Werk seinem Freund Moses Mendelssohn ein literarisches Denkmal.

ich hierzu nicht gehabt haben. In der Lage, in welcher ich mich befand, durfte ich von den Wissenschaften nicht den mindesten zeitlichen Vorteil erwarten. Ich wusste gar wohl, dass für mich ein glückliches Fortkommen in der Welt auf diesem Wege nicht zu finden sei. Und Vergnügung? – Oh, mein wertgeschätzter Menschenfreund! Der Stand, welcher meinen Glaubensbrüdern im bürgerlichen Leben angewiesen worden, ist so weit von aller freien Übung der Geisteskräfte entfernt, dass man seine Zufriedenheit gewiss nicht vermehrt, wenn man die Rechte der Menschheit von ihrer wahren Seite kennen lernt. – Ich vermeide auch über diesen Punkt eine nähere Erklärung. Wer die Verfassung kennt, in welcher wir uns befinden, und ein menschliches Herz hat, wird hier mehr empfinden, als ich sagen kann.

Wäre nach diesem vieljährigen Forschen die Entscheidung nicht völlig zum Vorteile meiner Religion ausgefallen, so hätte sie notwendig durch eine öffentliche Handlung bekannt werden müssen. Ich begreife nicht, was mich an eine dem Ansehen nach so überstrenge, so allgemein verachtete Religion fesseln könnte, wenn ich nicht im Herzen von ihrer Wahrheit überzeugt wäre. Das Resultat meiner Untersuchung mochte sein, welches man wollte, sobald ich die Religion meiner Väter nicht für die wahre erkannte, so musste ich sie verlassen. Wäre ich im Herzen von einer anderen überführt, so wäre es die verworfenste Niederträchtigkeit, der innerlichen Überzeugung zum Trotz, die Wahrheit nicht bekennen zu wollen. Und was könnte mich zu dieser Niederträchtigkeit verführen? Ich habe schon bekannt, dass in diesem Falle Klugheit, Wahrheitsliebe und Redlichkeit mich denselben Weg führen würden […].

Religion von schädlichen Menschensatzungen frei gefunden zu haben? Wir erkennen ihn alle, diesen vergifteten Hauch der Heuchelei und des

Aberglaubens, soviel unserer sind, die wir die Wahrheit suchen, und wünschen, ihn ohne Nachteil des Wahren und Guten abwischen zu können. Allein von dem Wesentlichen meiner Religion bin ich so fest, so unwiderleglich versichert, als Sie oder Herr Bonnet nur immer von der Ihrigen sein können, und ich bezeuge hiermit vor dem Gott, der Wahrheit, Ihrem und meinem Schöpfer und Erhalter, bei dem Sie mich in Ihrer Zuschrift beschworen haben, dass ich bei meinen Grundsätzen bleiben werde, solange meine Seele nicht eine andere Natur annimmt [...].

Menschenrechte, Rassenhass, Antisemitismus und der Wunsch nach einer Heimstatt: 19. Jahrhundert

Als erstes Dokument einer rechtlichen Gleichstellung aller Menschen ohne Beachtung ihrer religiösen Herkunft ist die amerikanische Unabhängigkeitserklärung von 1776 anzusehen (siehe 36). *Die große Veränderung kam allerdings erst mit der Französischen Revolution 1789, die auf einen Schlag die Juden von jahrhundertelanger Unterdrückung, Angst und ungleicher Behandlung befreite.*

Dass Juden die gleichen bürgerlichen Rechte und Freiheiten wie Christen genießen sollen, formulierte in Deutschland dann ein Edikt des Preußischen Staates von 1812, womit noch einmal erkennbar wird, was Juden bis dahin vorenthalten wurde (siehe 37). *Von nun an gibt es zumindest dem Buchstaben nach »Staatsbürger jüdischen Glaubens« ... Der Wiener Kongress von 1815 wollte den »Bekennern jüdischen Glaubens« »den Genuss der bürgerlichen Rechte gegen die Übernahme aller Bürgerpflichten« zusichern. Erst 1869 kommt es in Deutschland allerdings zur tatsächlichen Gleichstellung* (siehe 38).

Eine breit wirkende antijüdische Publizistik kommt seit der ersten Hälfte des 19.Jahrhunderts auf und entfaltet schließlich ab der Mitte des Jahrhunderts einen – auch christlich theologisch immer wieder untermauerten – rassistischen Antisemitismus, der die Katastrophen des 20. Jahrhunderts vorbereitet. Neben Hartwig von Hundt Radowsky und Wilhelm Marr ist es besonders Eugen Dühring, der die Judenfrage als Frage nach der »Rassenschädlichkeit« darstellt (siehe 39). *Wie populär das rassistische Denken wurde, zeigten zum Beispiel Richard Wagners Aussagen. Bereits seit den frühen fünfziger Jahren des 19. Jahrhunderts konnte der Komponist des »Ring der Nibelungen« wirkungsvoll seine Sicht der »Rassen-Konsistenz« der Juden einer gar nicht erstaunten Öffentlichkeit mitteilen* (siehe 40). *Konsequent konnte Wagner dann noch die Kirche auffordern, sich vom »jüdisch-alttestamentlichen Gott« zu distanzieren.*

Reichskanzler Otto von Bismarck stellte entschieden in Abrede, dass er mit der antisemitischen Bewegung seiner Zeit einverstanden sei (siehe 43). *Auch andere Protestanten wandten sich heftig gegen den neuen Antisemitismus, so etwa M. Baumgarten oder J. Pestalozzi in der Schrift: »Der Antisemitismus, ein Krebsschaden, der am Marke unseres Volkslebens frißt.« Der evangelische Theologe Adolf Stöcker und der Historiker Heinrich von Treitschke vertieften dann ab 1880 noch einmal die antisemitische Welle* (siehe 41, 42). *Von Treitschke stammt auch der verhängnisvolle, von ihm gedankenlos übernommene Ausruf »Die Juden sind unser Unglück«, der dann zum Motto der NS-Hetzschrift »Der Stürmer« von 1927 bis 1945 und so zur unverkennbaren Handlungsaufforderung zum Völkermord wurde.*

Vor diesem Hintergrund kämpfte Theodor Herzl (siehe S. 121 ff.) *1896 für einen »Judenstaat«* (siehe 44), *der in der Erklärung des 1. Zionistenkongressen in Basel 1897 klar umrissen wird* (siehe 45) *und mit der Balfour-Deklaration von 1917 eine erste völkerrechtliche Realisierungschance bekam* (siehe 46).

---

36 »Alle Menschen sind gleich« – 1776 – Amerikanische Unabhängigkeitserklärung

Alle Menschen sind als gleich erschaffen und allen hat der Schöpfer bestimmte unveräußerliche Rechte verliehen: das Recht auf Leben, Freiheit und Glück. Die Regierungen sind dazu eingesetzt, den Menschen diese Rechte zu sichern, und sobald sie von einer Regierung verletzt werden, ist das Volk befugt, diese zu stürzen oder abzusetzen.

37 »Gleiche bürgerliche Rechte und Freiheiten wie die Christen« – Friedrich Wilhelm, König von Preußen 1812

Wir, Friedrich Wilhelm, von Gottes Gnaden König von Preußen usw., haben beschlossen, den jüdischen Glaubensgenossen in unserer Monarchie eine neue, der allgemeinen Wohlfahrt angemessene Verfassung zu erteilen, erklären alle bisherigen, durch das gegenwärtige Edikt nicht bestätigten Gesetze und Vorschriften für die Juden für aufgehoben und verordnen wie folgt:

§ 1. Die in Unsern Staaten jetzt wohnhaften, mit Generalprivilegien, Naturalisationspatenten, Schutzbriefen und Konzessionen versehenen Juden und deren Familien sind für Inländer und preußische Staatsbürger zu achten.

§ 2. Die Fortdauer dieser ihnen beigelegten Eigenschaft als Inländer und Staatsbürger wird aber nur unter der Verpflichtung gestattet, dass sie fest bestimmte Familiennamen führen und dass sie nicht nur bei Führung ihrer Handelsbücher sondern auch bei Abfassung ihrer Verträge und rechtlichen Willenserklärung der deutschen oder einer anderen lebenden Sprache und bei ihren Namensunterschriften keiner anderen als deutscher oder lateinischer Schriftzüge sich bedienen sollen.

§ 3. Binnen sechs Monaten, von dem Tage der Publikation dieses Edikts an gerechnet, muss ein jeder geschützte oder konzessionierte Jude vor der Obrigkeit seines Wohnorts sich erklären, welchen Familiennamen er beständig führen will. Mit diesem Namen ist er sowohl in öffentlichen Verhandlungen und Ausfertigungen als im gemeinen Leben gleich einem jeden andern Staatsbürger zu benennen [...].

§ 7. Die für Inländer zu achtenden Juden hingegen sollen, insofern diese Verordnung nichts Abweichendes enthält, gleiche bürgerliche Rechte und Freiheiten mit den Christen genießen.

§ 8. Sie können daher akademische Lehr- und Schul-, auch Gemeindeämter, zu welchen sie sich geschickt gemacht haben, verwalten.

§ 9. Inwiefern die Juden zu andern öffentlichen Bedienungen und Staatsämtern zugelassen werden können, behalten wir uns vor, in der Folge der Zeit gesetzlich zu bestimmen.

§ 10. Es stehet ihnen frei, in Städten sowohl als auf dem platten Lande sich niederzulassen.

§ 11. Sie können Grundstücke jeder Art gleich den christlichen Einwohnern erwerben, auch alle erlaubten Gewerbe mit Beobachtung der allgemeinen gesetzlichen Vorschriften.

EDICT,

die

Religions-Verfassung

in den

Preußischen Staaten

betreffend.

De Dato Potsdam, den 9. Julii 1788.

Berlin,

gedruckt bey George Jacob Decker und Sohn, Königl. Geheim. Ober-Hof-Buchdrucker.

1812 erhielten die Juden Preußens die bürgerlichen Freiheiten und waren damit als Staatsbürger anerkannt. Schon 1788 hatte ihnen das »Edikt die Religionsverfassung in den Preußischen Staaten betreffend« die freie Religionsausübung – zumindest theoretisch – gestattet.

§ 12. Zu der aus dem Staatsbürgerrechte fließenden Gewerbefreiheit gehöret auch der Handel [...].

§ 14. Mit besonderen Abgaben dürfen die inländischen Juden als solche nicht beschwert werden [...].

[gez.] Friedrich Wilhelm.
Hardenberg Kircheisen.

38 Endgültige Emanzipation – Wilhelm I., König von Preußen – 1869

Alle noch bestehenden aus der Verschiedenheit des religiösen Bekenntnisses hergeleiteten Beschränkungen der bürgerlichen und staatsbürgerlichen Rechte werden hierdurch aufgehoben. Insbesondere soll die Befähigung zur Teilnahme an der Gemeinde- und Landesvertretung und zur Bekleidung öffentlicher Ämter vom religiösen Bekenntnis unabhängig sein.

39 »Keine Religion, sondern eine Rasse« – E. Dühring – 1881

Die gründliche Auffassung, die im Juden nicht eine Religion sondern eine Rasse sieht, bricht aber schon vielfach durch. Nur bleibt sie noch immer von der Religionseinmischung mehr oder minder entstellt.

Eine Judenfrage würde daher auch existieren, wenn alle Juden ihrer Religion den Rücken gekehrt und zu einer der bei uns vorherrschenden Kirchen übergetreten wären. Ja, ich behaupte, dass in diesem Falle die Auseinandersetzung zwischen uns und den Juden sich als ein noch weit dringenderes Bedürfnis fühlbar machen würde, als auch schon ohnedies der Fall ist. Gerade die getauften Juden sind diejenigen, die ohne Hindernisse am weitesten in alle Kanäle der Gesellschaft und des politischen Gemeinlebens eindringen. Sie haben sich gleichsam mit einem Passepartout versehen und schieben ihren Stamm auch dahin vor, wohin ihnen die Religionsjuden nicht folgen können. Dem Religionsjuden stehen auch in unserer Gesetzgebung, namentlich aber in den Grundsätzen unserer Verwaltung, noch manche Türen nicht offen, in die der bloße Rassenjude, der seine Religion in den Kauf gegeben hat, ungeniert eintreten kann.

Die Juden sind seit den geschichtlichen Jahrtausenden im Grundcharakter dieselben geblieben. Kein soziales System und keine Veränderung der Gesellschaft würde dieses Hauptübel wegschaffen. Die Judenselbstsucht würde nur andere Formen annehmen.

40 »Rassen-Konsistenz« – Richard Wagner – 1881 – Was ist Deutsch?

Richard Wagner auf einem Foto aus dem Jahr 1880. Unter dem Pseudonym K. Freigedank hatte Wagner 1850 sein Buch »Das Judentum in der Musik« veröffentlicht: ein Pamphlet gegen den jüdischen Einfluss auf die deutsche Kultur im Allgemeinen und die Musik im Besonderen.

Dagegen ist dann allerdings der Jude das erstaunlichste Beispiel von Rassen-Konsistenz, welches die Weltgeschichte noch je geliefert hat. Ohne Vaterland, ohne Muttersprache wird er durch alle Völker, Länder, Sprachen hindurch, vermöge des sicheren Instinktes seiner absoluten und unverwischbaren Eigenartigkeit zum unfehlbaren Sich-immer-wieder-Finden hingeführt: selbst die Vermischung schadet ihm nicht; er vermische sich männlich oder weiblich mit den ihm fremdartigsten Rassen, immer kommt ein Jude wieder zu Tage [...] So braucht der Jude weder zu denken noch zu faseln, selbst nicht zu rechnen, denn die schwierigste Rechnung liegt in seinem, jeder Idealität verschlossenen Instinkte fehlerlos sicher im voraus fertig vor. Eine wunderbare, unvergleichliche Erscheinung; der plastische Dämon des Verfalles der Menschheit in triumphierender Sicherheit und dazu deutscher Staatsbürger mosaischer Konfession, der Liebling liberaler Prinzen und Garant unserer Reichseinheit [...].

41 »Das germanische Wesen« – Adolf Stöcker – 1878

Wir achten die Juden als unsere Mitbürger und ehren das Judentum als die untere Stufe der göttlichen Offenbarung, aber wir glauben fest, dass ein Jude weder in religiöser noch in wirtschaftlicher Hinsicht ein Führer deutscher Arbeiter sein kann. Die christlichsoziale Arbeiterpartei schreibt das Christentum auf seine Fahne.

[Aus einem Wahlflugblatt für die Reichstagswahlen 1878]

Die Juden sind und bleiben ein Volk im Volke, ein Staat im Staate, ein Stamm für sich unter einer fremden Rasse. Alle Einwanderer gehen zuletzt in dem Volke auf, unter welchem sie wohnen, die Juden nicht. Dem germanischen Wesen setzen sie ihr ungebrochenes Semitentum, dem Christentum ihren starren Gesetzeskultus oder ihre Christusfeindschaft entgegen [...]. Für mich gipfelt die Judenfrage in der Frage, ob die Juden, welche unter uns leben, lernen werden, sich an der gesamten deutschen Arbeit, auch an der harten sauren Arbeit des Handwerks, der Fabrik, des Landbaus zu beteiligen. Weiter sollen wir von ihnen nichts verlangen.

42 »Juden sind unser Unglück« – Heinrich von Treitschke – 1879

Heinrich von Treitschke (1834–1896) liest an der Universität Berlin; der untere Bildteil soll den ungeheuren Zulauf, den Treitschke hatte, sichtbar machen: Eine große Menschenmenge gelangt nicht mehr in den Hörsaal.

Überblickt man alle diese Verhältnisse [...], so erscheint die laute Agitation des Augenblicks doch nur als eine brutale und gehässige aber natürliche Reaktion der germanischen Volksgefühle gegen ein fremdes Element, das in unserem Leben einen allzu breiten Raum eingenommen hat [...]. Täuschen wir uns nicht: die Bewegung ist sehr tief und stark [...]. Bis in die Kreise der höchsten Bildung hinauf, unter Männern, die jeden Gedanken kirchlicher Unduldsamkeit oder nationalen Hochmuts mit Abscheu von sich weisen würden, ertönt es heute wie aus einem Munde: ›die Juden sind unser Unglück!‹

43 Otto von Bismarck: »Ich missbillige den Kampf gegen die Juden« – 1881

Nichts kann unrichtiger sein. Ich missbillige ganz entschieden den Kampf gegen die Juden, sei es, dass er auf konfessioneller oder gar auf der Grundlage der Abstammung sich bewege. Mit gleichem Recht könnte man eines Tages über die Deutschen von polnischer oder französischer Abstammung herfallen wollen und sagen, es seien keine Deutschen. Dass die Juden mit Vorliebe sich mit Handelsgeschäften befassen, nun, das ist ihre Geschmackssache; durch ihre frühere Ausschließung von andren Berufsarten mag das wohl begründet sein. Aber sicherlich berechtigt es nicht, über ihre größere Wohlhabenheit jene aufreizenden Äußerungen zu tun, die ich durchaus verwerflich finde, weil sie den Neid und die Missgunst der Menge erregen. Ich werde niemals darauf eingehen, dass den Juden die ihnen verfassungsmäßig zustehenden Rechte in irgendeiner Weise verkümmert werden [...].

44 Theodor Herzl: »Der Judenstaat« – 1896

Man gebe uns die Souveränität eines für unsere gerechten Volksbedürfnisse genügenden Stückes der Erdoberfläche, alles andere werden wir selbst besorgen.

Das Entstehen einer neuen Souveränität ist nichts Lächerliches oder Unmögliches. Wir haben es doch in unseren Tagen miterlebt, bei Völkern, die nicht, wie wir Mittelstandsvölker, sondern ärmere, ungebildete und darum schwächere Völker sind. Uns die Souveränität zu verschaffen, sind die Regierungen der vom Antisemitismus heimgesuchten Länder lebhaft interessiert.

Es werden für die im Prinzip einfache, in der Durchführung komplizierte Aufgabe zwei große Organe geschaffen: die Society of Jews und die Jewish Company.

Was die Society of Jews wissenschaftlich und politisch vorbereitet hat, führt die Jewish Company praktisch aus.

Die Jewish Company besorgt die Liquidierung aller Vermögensinteressen der abziehenden Juden und organisiert im neuen Lande den wirtschaftlichen Verkehr.

Den Abzug der Juden darf man sich, wie schon gesagt wurde, nicht als einen plötzlichen vorstellen. Er wird ein allmählicher sein und Jahrzehnte dauern. Zuerst werden die Ärmsten gehen und das Land urbar machen. Sie werden nach einem vornherein feststehenden Plane Straßen, Brücken,

Bahnen bauen, Telegraphen errichten, Flüsse regulieren und sich selbst ihre Heimstätten schaffen. Ihr Arbeit bringt den Verkehr, der Verkehr die Märkte, die Märkte locken neue Ansiedler heran. Denn jeder kommt freiwillig, auf eigene Kosten und Gefahr. Die Arbeit, die wir in die Erde versenken, steigert den Wert des Landes. Die Juden werden schnell einsehen, dass sich für ihre bisher gehasste und verachtete Unternehmungslust ein neues, dauerndes Gebiet erschlossen hat [...].

Unseren niedersten wirtschaftlichen Schichten folgen allmählich die nächst höheren hinüber. Die jetzt am Verzweifeln sind, gehen zuerst. Sie werden geführt von unserer überall verfolgten mittleren Intelligenz, die wir überproduzieren.

Die Frage der Judenwanderung soll durch diese Schrift zur allgemeinen Diskussion gestellt werden. Das heißt aber nicht, dass eine Abstimmung eingeleitet wird. Dabei wäre die Sache von vornherein verloren. Wer nicht mit will, mag dableiben. Der Widerspruch einzelner Individuen ist gleichgültig.

Wer mit will, stelle sich hinter unsere Fahne und kämpfe für sie in Wort, Schrift und Tat.

Die Juden, welche sich zu unserer Staatsidee bekennen, sammeln sich um die Society of Jews. Diese erhält dadurch den Regierungen gegenüber die Autorität, im Namen der Juden sprechen und verhandeln zu dürfen. Die Society wird, um es in einer völkerrechtlichen Analogie zu sagen, als staatbildende Macht anerkannt. Und damit wäre der Staat auch schon gebildet.

45 Eine gesicherte Heimstätte – 1. Zionisten-Kongress 1897

Der Zionismus erstrebt die Schaffung einer öffentlich-rechtlich gesicherten Heimstätte für das jüdische Volk in Palästina. Zur Erreichung dieses Zieles nimmt der Kongress folgende Mittel in Aussicht:

1. Die zweckdienliche Förderung der Besiedelung Palästinas mit jüdischen Ackerbauern, Handwerkern und Gewerbetreibenden.
2. Die Gliederung und Zusammenfassung der gesamten Judenschaft durch geeignete örtliche und allgemeine Veranstaltungen, nach Maßgabe der Landesgesetze.
3. Die Stärkung des jüdischen Selbstgefühls und Volksbewusstseins.
4. Vorbereitende Schritte zur Erlangung der Regierungszustimmungen, die nötig sind, um das Ziel des Zionismus zu erreichen.

46 »Wohlwollen für das Judenvolk« – Die Balfour-Deklaration 1917

Werter Herr Rothschild. – Mit großem Vergnügen übermittle ich Ihnen namens Sr. Majestät Regierung folgende Sympathieerklärung mit den jüdisch-zionistischen Bestrebungen, die dem Kabinett unterbreitet und von diesem genehmigt wurde:

Sr. Majestät Regierung betrachtet mit Wohlwollen die Errichtung einer nationalen Heimstätte für das jüdische Volk in Palästina und wird die größten Anstrengungen machen, um die Erreichung dieses Zieles zu erleichtern, wobei selbstverständlich nichts unternommen werden soll, was den bürgerlichen und religiösen Rechten bestehender nichtjüdischer Gemeinschaften in Palästina oder der staatsbürgerlichen Rechtsstellung der Juden in irgendeinem anderen Lande Abbruch tun könnte.

Ich wäre Ihnen dankbar, wenn Sie diese Erklärung zur Kenntnis der zionistischen Förderation bringen wollten.

Ihr ergebener
Arthur James Balfour.

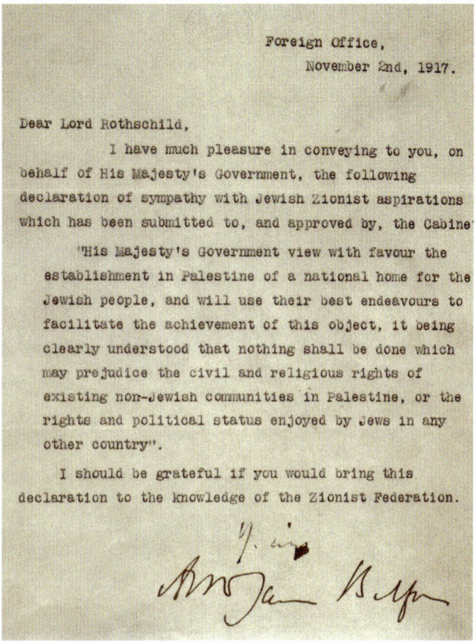

Foreign Office,
November 2nd, 1917.

Dear Lord Rothschild,

I have much pleasure in conveying to you, on behalf of His Majesty's Government, the following declaration of sympathy with Jewish Zionist aspirations which has been submitted to, and approved by, the Cabine

"His Majesty's Government view with favour the establishment in Palestine of a national home for the Jewish people, and will use their best endeavours to facilitate the achievement of this object, it being clearly understood that nothing shall be done which may prejudice the civil and religious rights of existing non-Jewish communities in Palestine, or the rights and political status enjoyed by Jews in any other country".

I should be grateful if you would bring this declaration to the knowledge of the Zionist Federation.

Brief des britischen Außenministers Arthur J. Balfour an Baron Lionel W. Rothschild vom 2. November 1917, in dem die britische Regierung die Schaffung einer nationalen Heimstätte für das jüdische Volk in Palästina zu ihrem Ziel erklärt.

Quellen

1 bis 4: nach Buber-Rosenzweig – **5**: Höxter, S. 27 – **6**: ebd., S. 41 – **7**: zitiert nach: Der Talmud, S. 556, S. 299 und Krupp, S. 206 – **8**: Höxter, S. 108 – **9**: ebd., S. 55 f. – **10**: ebd., S. 67 f. – **11**: ebd., S. 23 f. – **12/13**: Einheitsübersetzung der Bibel – **14**: zitiert nach: Poliakov I, S. 20 f. – **15**: zitiert nach Schoeps/ Wallenborn, S. 110 f. – **16**: Höxter, S. 101 – **17**: zitiert nach: Schoeps/Wallenborn, S. 176 – **18**: Höxter, S. 101 f. – **19**: ebd., S. 103 – **20**: ebd., S. 104 – **21**: ebd., S. 109 – **22**: ebd., S. 111 – **23**: zitiert nach: Schoeps/Wallenborn, S. 171 f. – **24**: ebd., S. 174 – **25**: Höxter, S. 123 – **26**: ebd., S. 121 f. – **27**: ebd., S. 112 – **28**: ebd., S. 133 – **29**: ebd., S. 95 f. – **30**: ebd., S. 164 f. – **31**: Martin Luther, WA 11, S. 315 f., 336. Siehe auch Höxter, S. 166 f. – **32**: ebd., WA 53, S. 417, 523 f. Siehe auch: Kirche und Synagoge I, S. 416 ff. und U. Kaufmann, S. 15 – **33/34**: Höxter, S. 162 – **35**: ebd., S. 186 ff. – **36**: Unabhängigkeitserklärung der »Vereinigten Staaten von Amerika« – **37**: Edikt betreffend die bürgerlichen Verhältnisse der Juden im Preußischen Staat. Siehe auch Höxter, S. 199 – **38**: ebd., S. 206 – **39**: ebd., S. 264 f. – **40**: zitiert nach: Kirche und Synagoge II, S. 293 – **41**: Höxter, S. 263 f. – **42**: zitiert nach: Kirche und Synagoge II, 305 – **43**: ebd., S. 297 – **44**: Höxter, S. 268 – **45**: ebd., S. 268 f. – **46**: ebd., S. 269.

Literatur

Aschkenas. Zur jüdischen Geschichte Deutschlands. Zusammengestellt v. Uri Kaufmann. Wochenschau Quellenhefte, Schwalbach 2004.

Karl Grözinger: Die Geschichte von Ba'al Schem Tov. Schivche ha-Besch, Bd. 2, Wiesbaden 1993.

Julius Höxter: Quellenbuch zur jüdischen Geschichte und Literatur, Band 1-5, Frankfurt 1928-32, zitiert nach: Kleine Ausgabe, Frankfurt 1935.

Kirche und Synagoge: Handbuch zur Geschichte von Juden und Christen. Hg. v. Karl Heinrich Rengstorf und Siegfried von Kortzfleisch. Bde. 1 und 2, München 1988.

Michael Krupp: Der Talmud. Eine Einführung in die Grundschrift des Judentums mit ausgewählten Texten, Gütersloh 1995.

Léon Poliakov: Geschichte des Antisemitismus, Bd. 1, Worms 1977.

Monika Richarz (Hg.): Jüdisches Leben in Deutschland, 3 Bde., Stuttgart 1979–82.

Julius H. Schoeps/Hiltrud Wallenborn (Hg.): Juden in Europa. Ihre Geschichte in Quellen, Bd. 1, Darmstadt 2001.

Günter Stemberger (Hg.): Die Juden. Ein historisches Lesebuch, München 1990.

Der Talmud. Ausgewählt und übersetzt von Reinhold Mayer, München 1963/1980.

Abbildungsverzeichnis

S. 71 »Im Banne Mammons« (1896), Karikatur nach einer Zeichnung von Otto Marcus, © akg-images
S. 72 »J'accuse ...!«, offener Brief Emile Zolas an den Präsidenten der Republik, François Félix Faure, Titelseite der Zeitung »L'Aurore« vom 13. Januar 1898, © akg-images
S. 75 »Le Traître – Dégradation d'Alfred Dreyfus«, Farbdruck nach Henri Meyer, aus: »Le Petit Journal« vom 13. Januar 1895, © akg-images
S. 77 Portraitaufnahme von Theodor Herzl, um 1900, © akg-images
S. 144 Die Apostelfürsten Petrus und Paulus, Steinplatte vom Grab des Asellus, nach 313, © akg-images/Erich Lessing
S. 156 Justus van Gent »Thomas von Aquin« (um 1476), Gemälde auf Holz, © akg-images/Erich Lessing
S. 159 Meister des Pfullendorfer Altars, »Brustbild eines Propheten« (um 1500), © akg-images
S. 163 Portrait von Johannes Reuchlin, Kupferstich von 1495, © akg-images
S. 166 Titelholzschnitt der Erstausgabe von Martin Luthers Schrift »Von den Juden vnd iren Lu(e)gen«, Wittenberg 1543, © akg-images
S. 170 Titelblatt der Erstausgabe von Gotthold Ephraim Lessings Werk »Nathan der Weise«, Berlin 1779, © akg-images
S. 173 Titelseite des von Friedrich II. am 9. Juli 1788 in Potsdam erlassenen Religionsedikts, © akg-images
S. 175 Portrait-Foto von Richard Wagner, um 1880, © akg-images
S. 176 Vorlesung Heinrich von Treitschkes an der Universität Berlin, Holzstich nach einer Zeichnung von G. Koch, 1879, © akg-images
S. 179 Balfour-Deklaration vom 2. November 1917, Original mit Unterschrift, © akg-images/British Library

Bei den Fotos auf S. 84 bis 129 handelt es sich um Filmfotos aus der ZDF-Sendung »Der brennende Dornbusch« von Iris Pollatschek.

© Robi Güver S. 103, 106, 109, 111, 113, 115, 120, 121, 122, 129
© Uwe Dillenberg S. 84, 88, 91, 92, 99, 100, 105
© Iris Pollatschek S. 85, 86, 93, 97

Trotz intensiver Bemühungen war es uns leider nicht möglich, die Rechtsinhaber aller Abbildungen ausfindig zu machen. Für Hinweise sind wir dankbar. Rechtsansprüche bleiben gewahrt.